目　次

JN132638

【TRY】

1
□ p.16, p.18

- 情報の特性を考えてみよう
- メディアの特性を考えてみよう

💡 実践問題

情報と「もの」を比べよう ▶教科書p.16

手順1　次に示す場面において，「情報」としてのケーキと，「もの」としてのケーキの特性を考えてみよう。

	「情報」としてのケーキ	「もの」としてのケーキ
友だちに説明したいとき		
残しておきたいとき		
複製したいとき		
多くの人に届けたいとき		

手順2　「情報」としてケーキを扱う際のメリット・デメリットを考えてみよう。

メリット	デメリット

手順3　「もの」としてケーキを扱う際のメリット・デメリットを考えてみよう。

メリット	デメリット

手順1 次に示す(A)～(C)のそれぞれの場面について，メディアをどのように使い分けるべきか，そのメリットとデメリットを考えてみよう。

(A) 大好きなラーメンのおいしさを伝えたい

メディア	メリット	デメリット
言葉(声)で伝える		
写真と文字で伝える		

(B) 海外にいる人と連絡をとりたい

メディア	メリット	デメリット
電子メールを送る		
電話をかける		

(C) 大量の写真を保存しておきたい

メディア	メリット	デメリット
印刷してアルバムに保存		
デジタルデータとして保存		

手順2 ラーメンのおいしさを多くの人に伝えたいと考えたAさんは，ソーシャルメディア上で情報を発信することにした。ソーシャルメディアの特性を踏まえて，気をつけるべきことをアドバイスしよう。

■ 情報の特性
■ メディアの特性

🔍 確認問題

下記の語群から適切な語句を選び，空欄に記入しなさい。

1 情報とは

▼わたしたちは，天気予報などの（❶　　　　　　）をテレビやWebサービスなどから得て，みずからの考えや行動を決める材料としている。天気予報という（　❶　）は，気温や湿度，気圧配置などの（❷　　　　　　）を整理して，解釈を加えたものである。また，これを一般化して「毎年6，7月は雨がよく降る」といった（❸　　　　　　）を蓄積することもある。

2 情報の特性

※❹と❺の解答は順不同。

▼情報にはいくつかの特性がある。代表的なものとして，「（❹　　　　　　　　　　　）」，「消えない」，「複製が容易」，「（❺　　　　　　　　　　　）」などがあげられる。

▼情報は（❻　　　　　）や画像などの形で伝えられるが，それらは表現であって，情報そのものには物質としての形がない。また，技術の進歩により（❼　　　　　　　　　　　）が発達した現在では，情報を瞬時に数千，数万の相手に伝えることもできる。

3 メディアの特性

▼情報を他人に伝える際は，（❽　　　　　　　　　）を利用することになる。

▼（　❽　）はテレビや新聞などの（❾　　　　　　　　　）を指してよく使われるが，文字や音声などの（❿　　　　　　）手段，電話やインターネットなどの（⓫　　　　　　）に使われるもの，紙やメモリなどの（⓬　　　　　　）に使われるものも含まれる。

4 情報の受け取り方とメディア・リテラシー

▼メディアによって伝えられる情報は，程度の差はあるが，すべて（⓭　　　　　　）の意図に沿って編集されたものといえる。（　⓭　）に悪意がなかったとしても，一部の情報が省略されたり強調されたりすることで，（⓮　　　　　　）に誤解を与える可能性もある。そのため（⓯　　　　　　　　　）を十分に吟味できる能力を含めた（⓰　　　　　　　　　　　　）を身につける必要がある。

語群　メディア　情報　知識　発信者　伝達　記録　文字　データ　情報の信憑性
マスメディア　受信者　表現　物質としての形がない　メディア・リテラシー
瞬時に伝わる　情報通信ネットワーク

練習問題

1 下の語群にあるメディアを，その特性をもとに分類し，下の表の空欄に記入しなさい。

表現のためのメディア	伝達のためのメディア	記録のためのメディア

語群 電話　サーバ　手帳　メール　新聞　SDカード　言葉　テレビ　SNS
インターネット　DVD　動画　音声　画像　USBメモリ　絵　文字

2 SNSに写真とともに投稿した次の文章は，意図通りに伝わらないことがある。うまく伝わらなかった場合，受け手はどのような意味として解釈したのか答えなさい。また，どのように伝えれば意図通りに伝わるのか，対処法も答えなさい。

お店の見た目はボロボロだが，「おいしい」と評判の定食屋さんで食事し，おいしいと思ったので「この定食屋さん，味マジヤバい」と投稿した。

受け手の解釈（誤解）

気をつけるべき点

3 自分が住んでいる市町村の現在の人口や，住民が受けられるサービスについて，情報を収集したい。どのような方法で情報を取得すれば，信憑性の高い情報を集めることができるか。情報収集の方法と気をつけるべき点をそれぞれ答えなさい。

情報を集める方法

気をつけるべき点

3 問題解決の考え方を身につけよう

第1章 情報社会の問題解決

💡 実践問題

手順1 「部員不足の解消」に向けて，部員を勧誘することにした。どのような目標を立てるとよいか。また，どのような手段を使って勧誘することができるか考えてみよう。　▶教科書p.20 **1**問題の発見・問題の定義

(1)「部員不足の解消」に向けた目標

(2) 目標を達成するための手段

手順2 バスケットボール部に勧誘するため，次のようなポスターを作成した。このポスターで伝えることのできる情報を明らかにし，補うべき情報は何かを考えてみよう。　▶教科書p.21 **2**計画の実行

情報高等学校
バスケットボール部

バスケット好き集まれ！
部員が足りません。
私たちはあなたを
待っています。

このポスターで伝えることのできる情報
補うべき情報

手順3 入部した人，入部しなかった人，それぞれに理由を問うアンケートを作成したい。次の(1)～(2)について考え，適切なアンケートの内容を検討しよう。▶教科書p.21 **3**評価

(1) アンケートには以下の3つの項目について記載する必要がある。具体的に何を書くか考えてみよう。

アンケートの目的	
実施者について	
データの取り扱いについて	

(2) どのような質問をすれば，勧誘活動を正しく評価できるか。質問項目を考えてみよう。

質問内容	質問の形式（いずれかに○）	選択肢の内容（必要な場合）
	記述回答，単数回答，複数回答	
	記述回答，単数回答，複数回答	
	記述回答，単数回答，複数回答	
	記述回答，単数回答，複数回答	
	記述回答，単数回答，複数回答	
	記述回答，単数回答，複数回答	

■ 問題解決の考え方

確認問題

下記の語群から適切な語句を選び，空欄に記入しなさい。

1 問題解決とは

▼どうしたらよいかわからない場面に直面したとき，わたしたちはあれこれと悩み，考え，正しいと思われる（❶　　　　　　）を見つけ出す。このように，困ったり不便だったりする事柄や，実現したい目標，克服したい課題に対して（❷　　　　　　）を考え，よりよい形で実現することを（❸　　　　　　）という。

▼（　❸　）にはさまざまな考え方や手法があるが，それらを踏まえたうえで，（❹　　　　　　　　　）をとる必要がある。

2 問題の明確化

▼問題を解決するには，まず現実と（❺　　　　　　　　）をしっかりと認識し，その（❻　　　　　　　）を明確にする必要がある。問題の明確化でとくに重要なことは，（　❺　）を具体化することである。

3 問題解決の流れと評価・改善

▼問題解決の重要なポイントとして，みずからの問題解決を振り返って（❼　　　　　　）し，（❽　　　　　　）するとともに，情報の発信・（❾　　　　　　）を通して，次の問題解決へと役立てていくことがあげられる。

▼よりよい解決結果を得るためには，計画，実行，評価，改善というプロセスを繰り返しながら行う必要がある。このプロセスを（❿　　　　　　）サイクルという。

4 よい問題解決とは

▼問題解決は，（⓫　　　　　　　　）や解決策の検討など，解決のための計画を立てることが重要である。

▼計画を立てる際は，（⓬　　　　　　　　　　）が必要であり，現状を把握し，理想の状態を考えるためにも，（⓭　　　　　　　　）を活用した情報の収集が欠かせない。

▼他人が発信した情報だけでなく，みずから直接観察をしたり，（⓮　　　　　　　　　）やインタビューなどを行ったりしてデータを得ることも有効である。

▼獲得したデータは，数値を（⓯　　　　　　　）したり，比較できる図を用いたりして（⓰　　　　　　）するとよい。その際，（⓱　　　　　　　　　　）と呼ばれる技法を用いることも有効である。

語群　ギャップ　　シンキングツール　　問題の明確化　　手段　　情報通信技術　　理想の状態　　改善　　グラフ化　　可視化　　評価　　アンケート調査　　科学的なアプローチ　　共有　　問題解決　　PDCA　　解決策　　原因の分析

練習問題

1 問題解決の流れを，次の選択肢ア〜カを並び替えて示しなさい。

ア．評価 　　　イ．共有 　　　ウ．問題と目標の明確化

エ．実行 　　　オ．解決策の立案 　　カ．問題の整理と分析

	▶		▶		▶		▶		▶	

2 次の会話は，とある男子バスケットボール部員たちの会話である。会話の中から彼らの「現実」と，「理想の状態」を明らかにしなさい。

Aさん「部員が3人しかいないと，できる練習が限られてしまうね」

Bさん「毎日似たような練習になってしまってはり合いがないね。ほかのチームと試合をしたいなあ」

Cさん「試合に出るには最低でもあと2人メンバーが必要だよ。経験者だとなおいいね」

Aさん「部のメンバーで5対5の試合形式の練習ができるようになると，もっと練習もおもしろくなるのに」

Bさん「そうだね。試合形式の練習ができると，バスケットボールの楽しさが伝わるから，初心者の人でも楽しんでもらいやすいし，ぼくたちも楽しく練習できそうだ」

Cさん「ぼくたち3人もあと3か月で引退だし，たくさん部員が入るように作戦を立てよう」

現実

理想の状態

3 **2**で示した問題を解決するために計画を立てて実行した。次の❶〜❹の取り組みにあたり，それぞれ最適と思われる手段を線で結びなさい。

❶ バスケットボール経験者の数を調べる 　　・ 　　・ ア．チラシを配る

❷ 多くの人に興味を持ってもらう 　　・ 　　・ イ．アンケート調査をする

❸ 対面で説明をして勧誘活動をする 　　・ 　　・ ウ．問題解決のプロセスを振り返る

❹ 期待通りの人数が集まらなかった理由を考える ・ 　　・ エ．ポスターを掲示する

【TRY】

5 ■ 著作権侵害について考えよう

p.24 - p.25

第1章 情報社会の問題解決

実践問題

手順1 著作権侵害について考えるにあたり，次の(1)〜(2)について考え，問題と目標を明確化しよう。

▶教科書 p.24 ❶

(1) 普段自分たちがふれている著作物にどのようなものがあるか，できるだけ多くあげてみよう。

(2) (1)であげた著作物について，著作権上，どのようなことが問題になっているか，調べてみよう。また調べ
たことを踏まえて，著作物の理想的な扱い方を考えてみよう。

問題となっていること	
理想的な扱い方	

手順2 問題を整理し，分析するため，著作権侵害の事例について詳しく調べ，どのようなことが問題になってい
るかをまとめてみよう。▶教科書 p.24 ❷

事例	
問題点	
参考資料	

10

手順3 手順2で調べた内容をグループで共有し，共通点をまとめ，なぜそのような問題が起きたのかを考えてみよう。▶教科書p.24 ❸❹

調べた内容	
問題の共通点	
問題が起きる理由	

手順4 解決策を立案するため，手順3で明らかにした「問題が起きる理由」から1つ選択し，著作権を侵害しないようにするための解決策を考え，実行しよう。▶教科書p.25 ❺❻❼

取り組む課題	
解決策のアイデア	
決定した解決策（いつ，どこで，誰に対して，何を使って，どのようなことをするのか具体的に書く）	

手順5 以下の項目をもとに，これまでの話し合いの内容（あるいは実行した内容）をまとめ，自分たちが考えた解決策のアイデアを発表しよう。▶教科書p.25 ❽

とくに深刻だと思った問題	
問題が起きる理由	
問題を解決するために自分たちが考えたアイデア・取り組み	
アイデア・取り組みを実行するために必要な準備	
参考資料	

手順 6 ほかのグループの発表を聞いて，感じたことを以下の項目ごとにまとめ，ほかのグループの人に伝えよう。

▶教科書 p.25 **8**

各グループの発表のよい点	改善したほうがよい点

手順 7 ほかのグループからの意見をまとめて，自分たちの発表を振り返ろう。 ▶教科書 p.25 **8**

発表のよい点	改善したほうがよい点

手順 8 著作権侵害を減らすために，わたしたちができることは何か。発表全体を振り返り，考えてみよう。

▶教科書 p.25 **8**

法の重要性と意義 —— 知的財産権①

第1章 情報社会の問題解決

🔍 確認問題

下記の語群から適切な語句を選び，空欄に記入しなさい。なお，語句は複数回用いてもよい。

1 知的財産権

▼人間の幅広い知的創作活動によって生み出されたものを(❶　　　　　　)といい，その創作者に，一定期間，財産としての権利を与え，保護する制度を(❷　　　　　　)制度という。

▼(❷)は，産業に関する(❸　　　　　　)と，文化や芸術に関する(❹　　　　　　)に大きく分けられる。

▼わたしたちはインターネットを通じて，映像や音楽，写真，文章などの多くの(❺　　　　　　)を簡単に手に入れ，利用できる。今後，その利便性はますます高まっていくと見られている。情報へのアクセスが容易になった時代だからこそ，1人1人が(❶)についてよく理解し，権利を守るとともに効果的に活用していく態度が求められている。

2 産業財産権

▼(❻　　　　　　)に出願し登録することで権利が発生する(❼　　　　　　)は，次の4つの権利からなる。

・もの，方法，製造方法の産業上高度な発明を独占的に利用できる権利を(❽　　　　　　)という。

・ものの構造，形にかかわる考案などの小発明を独占的に利用できる権利を(❾　　　　　　)という。

・形状，模様，色彩などのもののデザインを独占的に利用できる権利を(❿　　　　　　)という。

・商品やサービスに使うマークや文字などを独占的に使用できる権利を(⓫　　　　　　)という。

▼これらの権利は，新しい技術やデザインを考案した人がそれを(⓬　　　　　　)的に使用できるとともに，(⓭　　　　　　)されないよう保護している。

3 著作権

▼(⓮　　　　　　)は，学術的または芸術的な創造物を保護する権利のことで，(⓯　　　　　　)により定められている。(⓮)は，(⓰　　　　　　)を作り出した人(著作者)に与えられる。(⓰)には，小説，映画，絵画，音楽，コンピュータプログラムなどがある。

▼絵を描いたり，文章を書いたりすると，自動的に(⓱　　　　　　)が発生する。このとき，産業財産権のように関係機関に届出をして，登録をする必要はない。これを(⓲　　　　　　)という。

語群	知的財産　　無方式主義　　著作物　　知的財産権　　独占　　産業財産権　　著作権法　　模倣
	実用新案権　　特許庁　　著作権　　特許権　　意匠権　　商標権

練習問題

1 知的財産権（産業財産権と著作権）に関する説明と，その説明が示す権利について，それぞれ該当するものを線で結びなさい。

産業財産権

❶ 特許権　・　　　　　　・ ア．物品の形状・模様・色彩等のデザインを独占的に利用できる権利

❷ 意匠権　・　　　　　　・ イ．産業上利用できる発明のうち高度なものを独占的に利用できる権利

❸ 実用新案権　・　　　・ ウ．商品・サービスを区別するために使用する文字，図形などのマークを独占的に使用できる権利

❹ 商標権　・　　　　　　・ エ．物品の形状，構造，組み合わせに関する考案を独占的に利用できる権利

著作権

❺ 同一性保持権　・　　・ オ．美術の著作物などを展示する権利

❻ 複製権　・　　　　　　・ カ．著作物を複製する権利

❼ 公衆送信権　・　　　・ キ．著作物を多くの人に伝達する者に与えられる権利

❽ 展示権　・　　　　　　・ ク．著作物の内容を勝手に改変されない権利

❾ 著作隣接権　・　　　・ ケ．著作物を公表する権利

❿ 公表権　・　　　　　　・ コ．著作物を放送・インターネットなどで公衆送信する権利

2 スマートフォンを例に産業財産権を説明した下の図の空欄を埋めなさい。各権利の保護期間は語群から記号を選び答えなさい。

液晶技術
（　　　　　）権
保護期間：（　　　）

デザイン
（　　　　　）権
保護期間：（　　　）

ロゴマーク
（　　　　　）権
保護期間：（　　　）

ボタンの配置や構造
（　　　　　）権
保護期間：（　　　）

語群　ア．登録から10年（更新あり）　　イ．出願から10年　　ウ．出願から原則20年

　　　　エ．出願から25年

3 著作権法の考え方を説明した文章として最も適切なものを次のア〜エから選びなさい。

ア．著作物を利用しにくくても，著作権の保護を強くしたほうが，文化が発展するという考え方。

イ．著作物の活用と，著作権を持つ人の権利とのバランスをとることで文化が発展するという考え方。

ウ．著作物の経済的な価値に応じて文化庁が権利を付与することで文化が発展するという考え方。

エ．著作権の保護期間を更新可能にすることで文化が発展するという考え方。

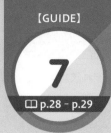

■ 法の重要性と意義 ── 知的財産権②

🔍 確認問題

下記の語群から適切な語句を選び，空欄に記入しなさい。

1 著作物

▼著作権で保護される対象を(❶　　　　　　)という。(❷　　　　　　　　)では(　❶　)を「思想又は感情を創作的に表現したものであって，文芸，学術，美術又は音楽の範囲に属するもの」と定義している。

2 著作者が持つ権利

▼著作者は2つの権利を持つ。ひとつは著作者の人格的利益を保護する(❸　　　　　　　　)で，もうひとつは財産的権利を保護する(❹　　　　　　　　)である。

▼著作者人格権には，公表する権利である(❺　　　　　)，公表時に氏名を表示するか否かを自身で決められる(❻　　　　　)，勝手に内容を改変されない権利である(❼　　　　　　)の3つが定められている。

▼著作権(財産権)には，複製する権利である(❽　　　　　)，上映する権利である(❾　　　　)，展示する権利である(❿　　　　　)，放送，インターネットなどで公衆送信する権利である(⓫　　　　　)などさまざまな権利が定められている。

▼著作者人格権は著作者の(⓬　　　　)に消滅するが，著作権(財産権)には(⓭　　　　　　)が定められている。

3 著作隣接権

▼(⓮　　　　　　　)とは，(⓯　　　　　　)，レコード製作者，放送事業者といった，著作物の伝達に重要な役割をはたしている者に認められる権利である。著作権と同じく(⓰　　　　　　)である。

4 著作物の保護と活用

▼著作権法には，おもに次の3つの目的がある。

A 著作物や(⓱　　　　)の権利を定めて保護する。

B 著作物や(　⓱　)を利用しやすくする。

C A，B2つのバランスをとって(⓲　　　　　　　)を目指す。

語群　死後　著作隣接権　公衆送信権　著作者人格権　実演家　著作権法　著作物
複製権　上映権　無方式主義　著作権(財産権)　公表権　文化の発展　氏名表示権
同一性保持権　保護期間　実演　展示権

1 次のア～オの選択肢のうち，楽曲における著作隣接権を持たないものはどれか答えなさい。

　ア．レコードショップなどの小売業者　　　イ．歌手や指揮者などの実演家

　ウ．視聴のために契約が必要な有線ラジオ放送などの有線放送事業者

　エ．レコード会社などのレコード製作者　　　オ．ラジオ局などの放送事業者

2 教育機関における複製について，著作権法の条文を読み，次の(1)～(2)の問いに答えなさい。

> 学校その他の教育機関(営利を目的として設置されているものを除く。)において教育を担任する者及び授業を受ける者は，その授業の過程における利用に供することを目的とする場合には，その必要と認められる限度において，公表された著作物を複製し，若しくは公衆送信を行い，又は公表された著作物であつて公衆送信されるものを受信装置を用いて公に伝達することができる。ただし，当該著作物の種類及び用途並びに当該複製の部数及び当該複製，公衆送信又は伝達の態様に照らし著作権者の利益を不当に害することとなる場合は，この限りでない。
>
> (出典：著作権法第35条)

(1) 有名なキャラクターのイラストを授業の教材として活用したい。授業を受ける生徒が40人の学級において，担当する教員は何部までイラストを複製してよいか，条文から読み取って答えなさい。

(2) 次の❶～❹の文章のうち，学校その他の教育機関における複製として認められているものには○，認められていないものには×で答えなさい。

　❶ 音楽の授業で，今流行している歌を合唱するため，教員が楽譜をコピーして授業を受ける生徒に配布した。

　❷ 授業で進めることができなかった範囲の学習内容について，生徒が自由に学習できるよう，生徒が購入していない参考書に載っている問題を教員が複数枚コピーして教室に置いた。

　❸ 文法を学ぶため，教員が英字新聞の記事を人数分コピーして授業で配布し活用した。

　❹ 授業での発表のためにインターネット上の画像をスライドにはりつけた。

❶		❷		❸		❹	

3 教科書「資料10」を参考に，以下に示した文献を「出典」として記載しなさい。

文献の奥付

書名：『誰でもわかるレポートの書き方』
発行日：2020年9月4日発行
著者：田中太郎
発行者：情報出版社 代表 情報次郎
発行所：情報出版社

出典

【TRY】

8 ■個人情報について考えよう

📖 p.30

💡 実践問題

手順1 個人情報を扱ううえで問題になっていることは何か，調べてみよう。また調べたことを踏まえて，個人情報の理想的な扱い方を考えてみよう。▶教科書 p.30 ❶

問題となっていること	
理想的な扱い方	

手順2 スマートフォンに保存されている個人情報をできるだけ多くあげてみよう。▶教科書 p.30 ❷

手順3 スマートフォンに入っている下記の情報を，インターネット上に公開すると仮定した場合に「知られてもよい情報」と「知られたくない情報」に分け，その度合も考えてみよう。▶教科書 p.30 ❷

情報
自分の名前
友だちの名前
高校名
担任の先生の名前
出身中学校名
クラスと出席番号
血液型
生年月日
住所
SNSのアカウント情報
SNS上での発言
親友との写真
クラスの集合写真

知られてもよい	知られたくない
SNS上での発言	

高 ← 知られてもよい度 → 低

低 ← 知られたくない度 → 高

※左の各項目を上の図の中に配置しよう。

手順 4 手順3で作成した表をグループで共有し，共通点と相違点をまとめてみよう。▶教科書p.30 ❸

共通点（表に配置されていた場所が近い情報）	
知られてもよい度が高い情報	知られたくない度が高い情報
知られてもよい度が低い情報	知られたくない度が低い情報
相違点（表に配置されていた場所にバラつきがあった情報）	

手順 5 共通点や相違点から，それぞれの個人情報のとらえ方にどのような特徴があるかまとめよう。▶教科書p.30 ❸

手順 6 知られたくない度の高い情報が流出した場合，どのような問題が生じるか，また流出しないためにはどうすればよいか考え，発表してみよう。▶教科書p.30 ❹❺❻

流出した場合に生じる問題
流出しないための配慮

手順 7 ほかのグループの人からもらった意見をまとめて，自分たちの発表を振り返ろう。▶教科書p.30 ❻

発表のよい点	改善したほうがよい点

手順 8 個人情報を扱う際に気をつけるべきことは何か。発表全体を振り返り，考えよう。▶教科書p.30 ❻

【GUIDE】

9 ■ 法の重要性と意義 —— 個人情報

p.31

🔍 確認問題

下記の語群から適切な語句を選び，空欄に記入しなさい。

1 個人情報保護法

▼氏名や生年月日などの記述によって，生存する特定の個人を識別できる情報を（❶　　　　　　）という。

▼（　❶　）の取り扱いは，（❷　　　　　　　　　　　）情報でも，ほかの情報を組み合わせることで容易に個人を識別できるものも個人情報となる。

▼（　❶　）の取り扱いは，（❸　　　　　　　　　　　）によって定められている。（　❸　）は，（　❶　）の利用が拡大している事情を背景に，その有用性に配慮しつつ，個人の（❹　　　　　）・利益を保護することを目的としている。

この法律によって，おもに次のことが義務づけられている。

・個人情報を取得する際は，あらかじめ収集の（❺　　　　　）を明らかにし，その（　❺　）以外に利用しない。

・個人情報が漏れたり，なくなったりしないよう管理する。

・本人の同意がないのに（❻　　　　　　）に個人情報を提供してはならない。

▼ただし，例外規定として個人情報を第三者へ提供するときに，本人の同意が不要になるケースもある。次のようなケースがその場合に該当する。

・（❼　　　　　　　　　　　　）：警察，裁判所，税務署などからの照会があった場合，本人の同意なく第三者へ個人情報を提供することがある。

・（❽　　　　　　　　　　　　）：児童虐待のおそれのある子どもの情報を関係機関で共有する。

・（❾　　　　　　　　　　　　）：交通事故などで本人の個人情報が必要な場合。

▼なお，個人情報を取り扱う事業者は，本人からの求めに応じて，原則として次の3つのことを行わなければならない。

・（❿　　　　　）：登録されている個人情報を見る。

・（⓫　　　　　）：登録されている情報が間違っていた場合などに行う。

・（⓬　　　　　　）：事業者側に規定違反などがある場合に，事業者側が保有している個人情報を使えないようにする。

語群　利用停止　　個人情報　　公衆衛生・児童の健全な育成に必要な場合　　目的　　開示
訂正　　個人を特定できない　　法令に基づく場合　　権利　　個人情報保護法
第三者　　人の生命・身体・財産の保護に必要な場合

 **練習問題**

1 個人情報保護法に関する次の文章について，正しいものには○，誤っているものには×で答えなさい。

❶ 住所は，生存する個人を特定できない場合であっても個人情報に該当する。

❷ 個人情報保護法は，個人情報の有用性に着目し，第三者への情報提供を推奨している。

❸ 個人情報を取り扱う事業者は，本人の求めに応じて個人情報を開示しなければならない。

❶		❷		❸	

2 以下の文章は，あるショッピングサイトの利用規約の一部である。この規約について，次の (1) ～ (2) の問いに答えなさい。

> 4-1. 個人情報の利用
>
> 詳細な個人情報の利用目的は，以下に定めるとおりとし，これらに関連する目的を含むものとします。
>
> 4-1-1. ID によるログイン機能提供のため：
> ・アカウントへのログイン機能を当グループが提供するため
>
> 4-1-2. 会員サービスおよび対象サービス提供のため：
> ・会員サービスおよび対象サービスを提供するため
>
> 4-1-3. 広告，宣伝，マーケティングのため：
> ・お客様の同意に基づき，または法令で許容されている範囲および手段で，お客様にダイレクトメール，メールマガジン等の広告を送付または表示等するため
> ・私たちの Web サイト上その他の私たちが管理する広告媒体において，私たち，当グループ，その他第三者の商品もしくはサービスを表示し，紹介し，または広告するため
>
> 4-1-4. サービスの改善および研究開発のため：
> ・既存サービスの改善および新サービスに関する当グループによる研究開発のため
>
> 4-1-5. お問い合わせ等に適切に対応するため：
> ・サービスまたは広告等に関連するお客様からのお問い合わせに，当グループが適切に対応するため
>
> 4-1-6. 不正行為等の防止および対応のため：
> ・詐欺，サイバー攻撃，その他の違法または不正なおそれのある行為を防止，調査，および特定して，私たち，当グループまたは第三者の権利利益を保護するため

(1) 利用規約には個人情報をどのように利用すると書いてあるか。あげられるだけ答えなさい。

(2) 利用規約の 4-1-4「サービスの改善および研究開発のため」の項目には，新サービスの研究開発のために個人情報を利用すると書かれている。この項目について，あなたは賛成か，反対か，理由を含めて答えなさい。

(1)	
(2)	

【TRY】

10 ■サイバー犯罪について考えよう

📖 p.32 - p.33

💡 実践問題

手順1 サイバー犯罪として問題になっていることは何か，調べてみよう。また調べたことを踏まえて，理想的な
サイバー犯罪への対策を考えてみよう。▶教科書p.32❶

問題となっていること	
理想の対策	

手順2 「不正アクセス禁止法違反」，「コンピュータ・電磁的記録対象犯罪」，「ネットワーク利用犯罪」の中から1
つを選び，最近どのような事件が起こっているか調べ，グループで共有しよう。▶教科書p.32❷❸❹

選んだ種類	
最近起きた犯罪の事例	

手順3 手順2であげた事例を1つ選び，被害にあってしまう原因について，被害者と加害者の視点からまとめてみ
よう。▶教科書p.33❺

選択した事例	
被害者の視点❶ （なぜ被害にあったのか）	
被害者の視点❷ （被害にあうまでの心情）	
加害者の視点 （なぜそのような手段を とったのか）	

手順 4 手順3で考えた原因に対する解決策を考えよう。▶教科書p.33 ❻

考えた原因		解決策
	→	
	→	
	→	
	→	

手順 5 手順4で考えた内容を踏まえ，こうした犯罪に巻き込まれないための解決法をまとめ，発表しよう。
▶教科書p.33 ❻

手順 6 ほかのグループの人からもらった意見をまとめて，自分たちの発表を振り返ろう。▶教科書p.33 ❼

発表のよい点	改善したほうがよい点

手順 7 サイバー犯罪に巻き込まれる人を減らすために大事なことは何か。発表全体を振り返り，考えてみよう。
▶教科書p.33 ❼

情報社会と情報セキュリティ①

🔍 確認問題

下記の語群から適切な語句を選び，空欄に記入しなさい。

1 サイバー犯罪とは

▼コンピュータや情報通信ネットワークの発達とともに，それらを悪用した（❶　　　　　　　　　　）が登場し，さまざまな被害が生じている。このうち，大規模な（❷　　　　　　　　　）の破壊活動や，何らかの意図のもと社会や企業に打撃を与える深刻かつ悪質なものは（❸　　　　　　　　　）と呼ばれる。

2 サイバー犯罪の分類

▼一般的にサイバー犯罪は次の3つに分類される。

・（❹　　　　　　　　　　　　）：OSやソフトウェアの弱点であるセキュリティホールをねらったり，（❺　　　　　　　　　　　　）などで不正にIDやパスワードを入手したりすることで，コンピュータや情報システムに侵入する犯罪。

・（❻　　　　　　　　　　　　）：ネットワークにつながっている端末を不正に操作したり，保存してあるデータを改ざんしたりする犯罪。

・（❼　　　　　　　　　　）：フィッシング詐欺など，ネットワークを利用して行う犯罪。

3 情報セキュリティの確保

※❿と⓫，⓮～⓰の解答は順不同。

▼多くの人が参加するネットワークを安全に利用するには，（❽　　　　　　　　　　）技術が欠かせない。

▼不正アクセス防止に関する取り組みとして，（❾　　　　　）技術がある。これは，（❿　　　　　　　）と（⓫　　　　　　　　　）を使って行うことが多い。あらかじめ設定されたものと一致することで正規ユーザであることを確認する。

▼ほかにも，指紋や顔の特徴などを利用する（⓬　　　　　　　　　）や，「暗証番号＋生体認証」などのように異なる2つ以上の情報を組み合わせた（⓭　　　　　　　　）なども活用されている。

▼組織として情報セキュリティを考える際には，（⓮　　　　　　），（⓯　　　　　　　），（⓰　　　　　　　）の3つの視点から情報の管理方法や利用方法，情報を取り扱う際のルールなどを組織全体の基本方針として取りまとめる。これを（⓱　　　　　　　　　　　）という。

語群　情報セキュリティポリシー　　ソーシャルエンジニアリング　　生体認証　　多要素認証
パスワード　　完全性　　サイバー犯罪　　ネットワーク利用犯罪　　情報インフラ　　認証
サイバーテロ　　可用性　　機密性　　コンピュータ・電磁的記録対象犯罪　　ユーザID
不正アクセス禁止法違反　　情報セキュリティ

練習問題

1 次の❶～❻のサイバー犯罪は下記のア～ウのどれに分類できるか，それぞれ記号で答えなさい。

❶ 他人のパスワードをインターネット上の掲示板などに記載すること。

❷ ネットワークにつながっている端末を不正に操作すること。

❸ 不正に入手したIDやパスワードでコンピュータや情報システムに侵入すること。

❹ 違法な情報を発信すること。

❺ コンピュータウイルスや大量の電子メールでコンピュータを使えなくすること。

❻ インターネット上の掲示板で誹謗中傷をすること。

> **語群** ア．不正アクセス禁止法違反　　イ．コンピュータ・電磁的記録対象犯罪
> ウ．ネットワーク利用犯罪

❶		❷		❸		❹		❺		❻	

2 次のア～カの行動のうち，ソーシャルエンジニアリングにつながってしまう行動はどれか。当てはまるものをすべて選びなさい。

ア．電話に出るときはかならず自分の名前を名乗って電話をとるようにしている。

イ．友だちがパスワードを入力しようとしているときは顔を背けるなどする。

ウ．パスワードやIDは忘れないように紙に書き，デスクのパソコンの裏側にはっている。

エ．近くに人がいるときはパスワードなどを入力することは避けている。

オ．普段利用している喫茶店で，パスワードが設定されていないWi-Fiがあったので，接続してネットサーフィンを楽しんだ。

カ．パスワードなど大事なことはなるべくメモをとるようにしている。メモは不要になればしっかりとゴミ箱に捨てる。

3 情報セキュリティを確保するためには，組織としての取り組みと同時に，個人としての取り組みも欠かすことができない。あなたが情報セキュリティのために心がけていることや，取り組みたいと思っていることを答えなさい。

■ 情報社会と情報セキュリティ②

🔍 確認問題

下記の語群から適切な語句を選び，空欄に記入しなさい。

1 不正なソフトウェア

▼情報機器の利用者に被害を与えるという悪意を持って作成された不正ソフトウェアを（❶　　　　　　　）といい，次のようなものがある。

・（❷　　　　　　　　　　）：さまざまな被害をもたらす特殊なプログラム。みずからのコピーをつくって増殖し，感染すると，ファイルを破壊されたり，情報を外部に送信されたりする。

・（❸　　　　　　　）：ウイルスに感染させたコンピュータを，ネットワークを通じて外部から操り，悪用することを目的としたプログラム。

・（❹　　　　　　　　）：情報機器内の情報を収集し，収集者に送信するプログラム。

・（❺　　　　　　　　　）：コンピュータ内のファイルを勝手に暗号化するなどし，もとに戻すことを条件に金銭の支払いを要求するプログラム。

2 架空請求・ワンクリック詐欺

▼Webページや電子メールのURLを一度クリックしただけで，契約が成立したかのような表示がなされ，料金を（❻　　　　　　　）されるような情報通信ネットワーク上の詐欺行為を（❼　　　　　　　　）という。この場合，あわててお金を振り込んだり返信したりしてはならない。

3 フィッシング

▼金融機関やクレジットカード会社などを装った偽のWebサイトに誘い込み，パスワードや暗証番号，個人情報などを盗む犯罪を（❽　　　　　　　　）という。この被害を防止するには，利用者がURLを確認するなどして，本物のWebサイトかどうか判断する必要がある。

4 ネットショッピング・ネットオークション詐欺

▼ネットショッピングやネットオークションでは，「代金を振り込んだのに品物が届かなかった」，「注文した品物と届いた品物が違っていた」といったトラブルにあう可能性が少なからずある。信頼できるサイトを利用したり，（❾　　　　　　　　）を確認したりするなどの注意が必要になる。

語群	ランサムウェア　　フィッシング　　コンピュータウイルス　　架空請求　　マルウェア
	利用者の評価　　ワンクリック詐欺　　スパイウェア　　ボット

練習問題

1 不正なソフトウェアと，その動作の説明について，それぞれ該当するものを線で結びなさい。

❶ コンピュータウイルス　・　　　・　ア．ファイルを暗号化し，もとに戻すことを条件に金銭を要求する

❷ スパイウェア　　　　　・　　　・　イ．悪用することを目的に，コンピュータを遠隔操作する

❸ ボット　　　　　　　　・　　　・　ウ．情報機器内の情報を収集し，収集者に送信する

❹ ランサムウェア　　　　・　　　・　エ．ファイルを破壊し，ほかのファイルにも感染を広げる

2 次の❶〜❹の文章を読んで，情報通信ネットワーク上の詐欺への対応方法として適切なものには○，そうではないものには×で答えなさい。

❶ 知らないメールアドレスから送られてきたURLをクリックしただけにもかかわらず，「会員登録が完了しました」というメッセージとともに金銭を請求する画面があらわれたため，記載されている問い合わせ先に電話をした。

❷ 欲しかったスニーカーが低価格で売られていたためネット注文したが，届いた商品がまったく違うものだったため，クーリングオフをしようと考えている。

❸ 口座を持っている銀行から，口座情報を更新する必要があるとのメールが届いたため，メールに記載されているURLをクリックし，口座番号と暗証番号を入力した。

❹ あるサイトから，身に覚えのない会員登録費用の請求がメールで届いたため，住んでいる都道府県の警察のサイバー犯罪相談窓口に相談した。

❶		❷		❸		❹	

3 以下の図は，ある金融機関を装った偽のWebサイトに誘い込むためのメールとそのWebサイトである。これが偽物であるという確信を得るためにどの部分を確認するとよいか，具体的に答えなさい。

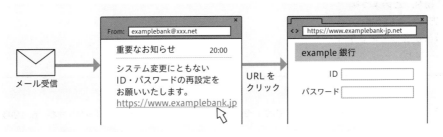

【TRY】

■ソーシャルメディアの 適切な活用法を身につけよう

13 📖 p.38 – p.39

💡 実践問題

手順1 ソーシャルメディアの利用において問題になっていることは何かを調べてみよう。また調べたことを踏まえて、ソーシャルメディアの理想的な利用のしかたを考えてみよう。▶教科書p.38❶

問題となっていること	
理想的な利用のしかた	

手順2 身近なソーシャルメディアを1つ取り上げ、教科書40ページの例を参考にして、機能や特徴をまとめよう。▶教科書p.38❷❸

選んだソーシャルメディア	
利用できる機能	
特徴・使用するメリット（利用者数や、どのような使われ方をしているか、どのように役立っているかなど）	

手順3 手順2で選んだソーシャルメディアでのトラブルの例を調べてみよう。▶教科書p.38❹, p.39❺❻

トラブルの例	
トラブルの詳細	

トラブルが起きた原因 （誰の，どのような行動が 引き金になったか）	
手順2のメリットを踏ま えた問題解決のゴール	
参考資料	

手順4 手順2と手順3でまとめた内容を参考に，理想的な利用の状態を実現するための方法をロジックツリーを使ってまとめ，グループで共有し，整理して発表しよう。▶教科書p.39 ❼❽❾

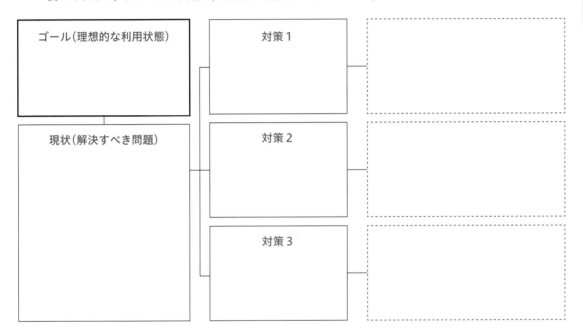

手順5 ほかのグループの人からもらった意見をまとめて，自分たちの発表を振り返ろう。▶教科書p.39 ❿

発表のよい点	改善したほうがよい点

手順6 ソーシャルメディアを適切に活用するために大事なことは何か。発表全体を振り返り，考えてみよう。
　　　▶教科書p.39 ❿

■ 情報技術の発展による生活の変化

第1章　情報社会の問題解決

🔍 確認問題

下記の語群から適切な語句を選び，空欄に記入しなさい。

1 ソーシャルメディアとわたしたち

▼情報通信ネットワークの発達と(❶　　　　　　　　　　　　　)にともない，コミュニケーションの形態は多様化した。とくに，コミュニケーション手段としての(❷　　　　　　　　　　　)は，身内どうしのやり取りだけではなく，個人が社会に広く(❸　　　　　　　)する手段としても活用されている。

▼ソーシャルメディアの機能と特徴には，次のようなものがある。

・(❹　　　　　　　　　　)：複数人で情報を共有できる場所をつくることができる。

・(❺　　　　　　　　　　)：個人にメッセージを送ることができる。

・(❻　　　　　　　)：むかしの友だちがサービスに登録されていれば，検索して連絡がとれる。

・(❼　　　　　　　)：手軽に，すぐに，広く社会に情報発信できる。

2 ソーシャルメディアの望ましい利用方法

▼ソーシャルメディアはいまや社会になくてはならないものになった。その反面，(❽　　　　　　)や利用方法の問題，法にふれる可能性のある行為，人と人との間のトラブルなど，さまざまな問題も生じている。

▼ソーシャルメディアの(❾　　　　)が，人々の生活にどのような影響を与えているのかを，ソーシャルメディアのメリット・デメリットの両面から考えるとともに，デメリットを極力少なくしながら，メリットを生かし便利に利用する方法をわたしたちは考えていく必要がある。

▼ソーシャルメディアで気をつけるべきことには次のようなことがあげられる。

・自分の個人情報を守るために，(❿　　　　　　　)をチェックし，(⓫　　　　　　　　)などを削除する。

・(⓬　　　　)・誹謗中傷などを書き込まない。言葉づかいやニュアンスなどにも注意し，誤解のないようにする。

・写真や個人的な情報を無断で投稿しないなど，他人の個人情報や(⓭　　　　　　　　)に配慮する。

・他人の著作物を勝手にインターネット上にアップロードしないなど，(⓮　　　　　)を侵害しない。

・利用時間ややり取りをする範囲など，利用上の(⓯　　　　　)を決める。

・使いすぎに注意し，適度な休憩をとるなど，(⓰　　　　　)に配慮する。

語群	ルール　　グループ掲示板機能　　著作権　　ソーシャルメディア　　プライバシー 友だち検索機能　　スマートフォンの普及　　健康　　情報発信　　情報発信機能 位置情報　　悪口　　公開範囲　　普及　　安全性　　ダイレクトメッセージ機能

練習問題

1 あなたの考えるソーシャルメディアのメリットとデメリットは何か，答えなさい。

メリット	デメリット

2 ソーシャルメディアの次の❶〜❹の機能を使用するにあたり，あなたが気をつけていることをそれぞれ答えなさい。使用していない人は，仮に使用するとした場合に気をつけることを答えなさい。

❶ グループ掲示板機能	❷ ダイレクトメッセージ機能
❸ 友だち検索機能	❹ 情報発信機能

3 ソーシャルメディアを活用するうえで，次の❶〜❻の点であなたが気をつけていることを具体的に答えなさい。使用していない人は，仮に使用するとした場合に気をつけることを答えなさい。

❶ 自分の個人情報を守る	❷ 悪口・誹謗中傷を書き込まない
❸ 他人の個人情報やプライバシーに配慮する	❹ 著作権を侵害しない
❺ 利用のルールを決める	❻ 健康に配慮する

【TRY】

15 ■情報技術の発展と 社会の変化を考えよう

📖 p.42 – p.43

第1章 情報社会の問題解決

💡 実践問題

手順1 情報技術の発展により問題となっていることは何かを調べてみよう。また調べたことを踏まえて，情報技術の理想的な活用法を考えてみよう。▶教科書p.42 ❶

問題となっていること	
理想的な活用法	

手順2 人工知能(AI)やロボットが現在どのように活用されているか調べてみよう。▶教科書p.42 ❷

手順3 AIやロボットがさらに発達することで生じるメリット(できるようになること)とデメリット(課題)を考え，グループでまとめてみよう。▶教科書p.42 ❸❹, p.43 ❺

メリット(できるようになること)	デメリット(課題)
メリット・デメリットのまとめ	

手順4 手順3でまとめた内容のうち，1つの情報技術を選び，デメリットを補うために実現したらよいと思うことを「機能」，「制度」，「利用環境」の3つの観点から考えよう。また，まとめた内容を発表しよう。
▶教科書p.43 ❻

選んだ情報技術

その情報技術のメリット・デメリット

機能面での工夫	どのような制度が必要か	利用環境に関する工夫

手順5 ほかのグループの人からもらった意見をまとめて，自分たちの発表を振り返ろう。▶教科書p.43 ❼

発表のよい点	改善したほうがよい点

手順6 情報技術を社会に生かすために，わたしたちが考えるべきことは何か。発表全体を振り返り，考えてみよう。▶教科書p.43 ❼

■ 情報技術の発展による社会の変化

第1章 情報社会の問題解決

🔍 確認問題

下記の語群から適切な語句を選び，空欄に記入しなさい。なお，語句は複数回用いてもよい。

1 Society 5.0 の到来

※❸と❹の解答は順不同。

▼インターネットをはじめとした情報通信ネットワークの発達により，(❶　　　　　　　　　)がすぐに手に入るようになった。

▼同時に(❷　　　　　　　　　)が向上し，(　❶　)を高速で処理することで，コンピュータが人の手を頼らずに，状況に応じた適切な情報やサービスを提供できるようになった。

▼すでに，こうした技術を応用した(❸　　　　　　　　)や(❹　　　　　　　　)が人間の仕事の一部を代替しはじめ，社会の利便性を高めるとともに，人々の生活を豊かにしている。

▼現代は，これまでの資源を加工してものを生産する(❺　　　　　　　　)から，情報技術を生かした情報社会を経て，新たな社会となる(❻　　　　　　　　)へ転換する過渡期といえる。

▼(　❻　)において実現すると考えられる技術に，自動運転する車や自律航行するドローン，(❼　　　　　)家電／AI家電，遠隔医療と介護ロボット，ウェアラブルデバイスなどがある。

2 情報社会の未来と問題解決

※⓫と⓬の解答は順不同。

▼急速な(❽　　　　　　　　　)の進展とともに，社会も大きく変化し，それによってわたしたちに求められる能力も変化してきている。

▼(❾　　　　　　　　)の時代においては，定型的な作業はコンピュータやロボットでの代替が進んでいくと予測される。

▼わたしたち人間には，これらの技術をどのように活用していくのか，また，膨大なデータからどのように意味のある情報を生み出すかなど，(❿　　　　　　　　)の新しい問題解決能力が求められている。

▼わたしたちは，(⓫　　　　　　　　)や(⓬　　　　　　　　)に代替される存在とならないよう，みずからの能力を高めていかなければならない。そのためには，以下のことを積極的に学んでいく必要がある。

・相手にわかりやすく情報を伝える(⓭　　　　　　　　)の知識

・AIやロボットを効果的・効率的に活用するための(⓮　　　　　　　　)の技能

・安全に情報ネットワークを利用するための(⓯　　　　　　　　)の知識

・新たな価値を生み出す(⓰　　　　　　　　)の手法

語群　価値創造型　　工業社会　　人口減少　　情報セキュリティ　　ロボット

　　コンピュータの処理能力　　大量のデータ　　情報デザイン　　データサイエンス

　　人工知能（AI）　　プログラミング　　IoT　　情報通信ネットワーク　　Society 5.0

1 社会の変遷について，Society 1.0から4.0まではどのような社会と呼ばれていたか。以下の空欄❶～❹に当てはまる適切な言葉を語群のア～エから，さらに各社会を説明した文の空欄❺～❾には語群A～Eから選び，記号で答えなさい。

Society 1.0	Society 2.0	Society 3.0	Society 4.0	Society 5.0
（❶　　　　）社会	（❷　　　　）社会	（❸　　　　）社会	（❹　　　　）社会	第5の新たな社会
狩猟や（❺　　　）を生活の基盤とする社会	（❻　　　）により経済活動が成り立っている社会	18世紀産業革命以降の，（❼　　　）を経済活動の中心に据えた社会	（❽　　　）の活用で，Society 3.0をより高度化した社会	IoT，（❾　　　），AI，ロボットなどの活用によって生まれる未来社会

語群 ア．情報　イ．工業　ウ．農耕　エ．狩猟
A．情報通信技術　B．採集　C．工業　D．土地の耕作　E．ビッグデータ

2 定型的な作業はコンピュータやロボットでの代替が進んでいくと予想されているが，どの作業がどのように代替されるようになると考えられるか。インターネットで調べ，まとめなさい。

コンピュータやロボットで代替される作業	どのように代替されるようになるのか

3 **2**で調べて記入した作業は，具体的にどのような技術によって実現されていくのか。インターネットで調べ，答えなさい。

■技法1　問題と目標の明確化

💡 実践問題

手順1 ブレーンライティングで自分たちの「学校の魅力を紹介する」ためのアイデアを出してみよう。まず，その準備として，何のために学校紹介を行うかの目標を立ててみよう。

手順2 「学校の魅力を紹介するためにはどうすればよいか」をブレーンライティングし，「何を・誰に・どう紹介するか」など，思いつくアイデアを書き出そう。

方法
- ・1マスに書くアイデアは1つ。
- ・書いた内容について批判しない。
- ・決められた時間内に横一列を使い3つのアイデアを書く。
- ・時間になったら左に座っている人に渡す。

手順3 手順2のブレーンライティングの結果，目標を達成するための最適な手段・方法は何かを考えてみよう。また，次の手順4❷に従って，最終的な手段・方法を下の空欄に記入しよう。

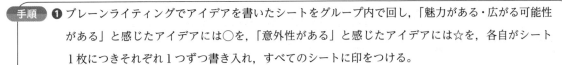

手順4 下に示した「手順」に従い，ブレーンライティングで出たアイデアを整理しよう。

手順 ❶ ブレーンライティングでアイデアを書いたシートをグループ内で回し，「魅力がある・広がる可能性がある」と感じたアイデアには○を，「意外性がある」と感じたアイデアには☆を，各自がシート1枚につきそれぞれ1つずつ書き入れ，すべてのシートに印をつける。

❷ 印をつけたアイデアの中でも，とくに取り組みたい，あるいは伝えたいことを選び，左ページ手順3「目標を達成するための手段・方法」に書き込みをする。

❸ 以下の欄を使って○や☆がついたアイデアを書き込み，教科書49ページの図2を参考にしながら，相互の関係性などがわかるように線や矢印で図示する。

■ 技法2　問題の整理と分析
■ 技法3　解決策の立案と仮説の決定
■ 技法4　実行・評価・共有

第1章　情報社会の問題解決

💡 実践問題

手順1 ここでは，仮の問題として「発表に興味を持ってもらえない」を例とし，ロジックツリーを使って想定される問題を整理，分析してみよう。

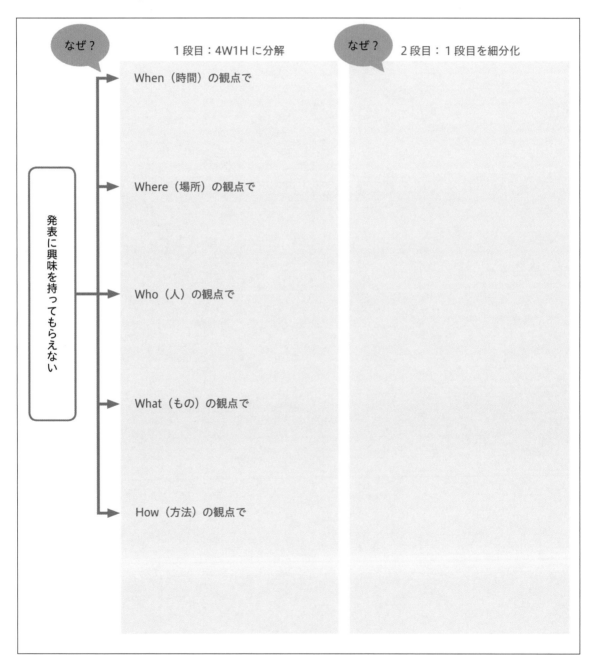

手順2 手順1で作成したロジックツリーの2段目から，とくに有力な原因となりそうなものを4つ選ぼう。

有力な原因1	
有力な原因2	
有力な原因3	
有力な原因4	

手順3 前の手順であげた原因のうち，最も有力な原因を1つ選び，それを取り除くための具体的な解決策をロジックツリーで考えてみよう。

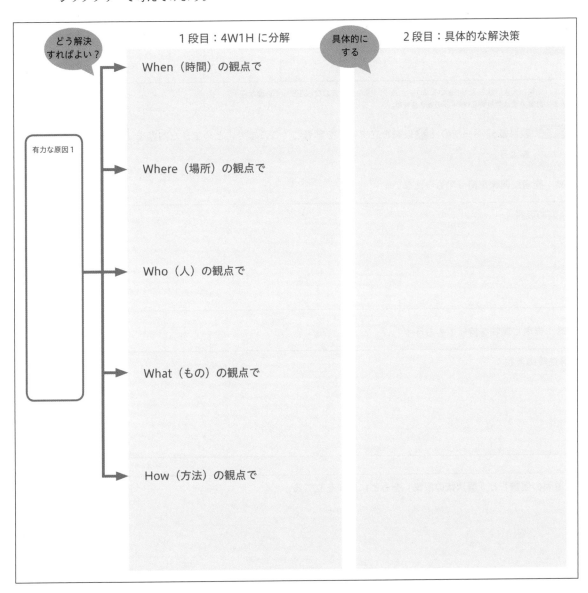

手順4 手順3で考えた解決策から実行する案を確定する。手順3のロジックツリーの2段目から3つの解決策を選び，次のマトリックス図に記入しよう。具体的には，解決策1～3の各項目を評価の観点ごとに数値化し，合計した点(総合点)が最も高いものを解決策とする。

評価の観点	効果[1]	所要時間[2]	労力[2]	コスト[2]	総合点[3]
重要度(各観点を5段階で重みづけ)	5	4	2	3	
解決策1					
解決策2					
解決策3					

※1　効果が大きいなら3，小さいなら1。　※2　少なくて済むなら3，多く必要なら1。
※3　計算方法は教科書53ページの表2を参照。

手順5 教科書53ページの「**3** 仮説を立てる」を参考に，ここまでまとめてきた内容を「仮説」として整理してみよう。

現実：発表に興味を持ってもらえない

```
原因の仮説：
```

理想：発表に興味を持ってもらう

```
解決策の仮説：
```

```
「原因の仮説」と「解決策の仮説」をもとに仮説を立てる：
```

手順6 36〜37ページで考えた「学校の魅力を紹介するためにはどうすればよいか」について，38〜40ページで考えた発表のための解決策(改善策)を生かして，クラスでプレゼンテーションしてみよう。

手順7 これまでの学習を問題解決という観点で振り返り，表の各項目について，下記1〜4の達成度に○をつけて確認しよう。

1：まったくできなかった　　　2：あまりできなかった　　　3：できた　　　4：よくできた

❶	問題を明らかにするとき，状況に対する見方や考え方を変化させることができたか。	1 2 3 4
❷	問題に関して情報を集め，整理し，問題の分析に役立てることができたか。	1 2 3 4
❸	仮説を立て，複数の解決策を立案できたか。	1 2 3 4
❹	解決策に優先順位をつけることができたか。	1 2 3 4
❺	解決策を実行する段階で，計画自体を適切に評価しながら実行できたか。	1 2 3 4
❻	問題解決のための手法を適切に選び，十分に活用できたか。	1 2 3 4
❼	計画を実行してみて，問題は解決されたか。	1 2 3 4
❽	計画実行過程の記録を，評価や共有の中で生かすことができたか。	1 2 3 4
❾	問題解決のプロセス・内容を，ほかの人が理解できるように伝えることができたか。	1 2 3 4

手順8 手順1〜6について，うまくいった点，改善したほうがよい点，問題解決のプロセスを意識して変化したことを考えてみよう。

うまくいった点	
改善したほうがよい点	
問題解決のプロセスを意識して変化したこと	

■技法5 文書作成ソフトウェアによるレポートの作成

💡 実践問題

１ 36～37ページで考えた「学校の魅力を紹介するためにはどうすればよいか」について，どのようなことを目的とし，どのような内容の学校紹介を考えたかを，レポートとしてまとめよう。

手順1 文書作成ソフトウェアを起動し，書式を次のように設定しよう。

＜書式＞

用紙サイズ：A4

余白サイズ：上25mm, 下20mm, 左20mm, 右20mm

行数：40行

1行の文字数：40文字

枚数：1枚

タイトル 「学校紹介についてのレポート」

　　　　　フォント：ゴシック体

　　　　　文字サイズ：14ポイント

見出し 　フォント：明朝体

　　　　　文字サイズ：10ポイント(太字)

本文 　　フォント：明朝体

　　　　　文字サイズ：10ポイント

＜レポートの作成イメージ＞

> **学校紹介についてのレポート**
>
> 1年B組35番 ○○ ○○
>
> **学校紹介の目的**
> 私たちの通う学校のことについて，理解を深めてもらうことを学校紹介の目的とする。中学生やその保護者の人に，「この学校がいい！」「行ってみたい！」と思ってもらえるように内容を工夫して紹介をする。
>
> **学校紹介の内容**
> ブレーンライティングで出てきたアイデア
> ここでは，学校紹介の具体的な内容を考えるためにブレーンライティングを行った際にどのようなアイデアが出てきたかを紹介する。具体的には「発表方法について」「グローバル教育について」「探究学習について」の3つの項目がアイデアとして出てきた。
> 発表方法について
> 発表方法については，「クイズ形式を取り入れて発表をする」や，「先生役と生徒役に分かれて，授業形式で発表をする」，「英語で説明する」などのアイデアが出てきた。
> グローバル教育について
> グローバル教育については，「海外との交流に力を入れていることを紹介する」や，「国際感覚が磨かれる」などのアイデアが出てきた。
> 探究学習について
> 探究学習については，「プレゼンテーションの大会などで成果をあげていることを紹介する」や，「授業は聞くだけではないところがよいところ」などのアイデアが出てきた。
> **決まった内容**
> ブレーンライティングで出てきたアイデアをもとに，私たちのグループでは，学校の授業形式で，クイズを交えながら発表を行うことにした。具体的な内容としては，グローバル教育に関して，留学制度の紹介をしたり，英語力がつくことを紹介したりすることにした。また，探究学習については自分たちでテーマを決めて学習ができることや，実際にプレゼンテーション大会で成果をあげていることを紹介するようにした。
> **工夫した点**
> 発表に興味を持ってもらえるよう，スケジュールを立てて発表する内容をまとめる時間をつくるようにした。言いたいことを整理した方が興味を持ってもらえると考えたからである。
> **振り返り**
> よかった点
> 発表は，スケジュールを立てたおかげで，スムーズに進んだ。言いたいこともまとまり，発表に対して「面白そうな学校だと思った」というようなコメントをもらうこともできた。
> 改善点
> 生徒向けの発表になってしまったため，もう少し保護者向けの内容になるようにしていきたい。例えば「どんな力が身につくのか」という部分を強調したり，卒業後に活躍している生徒の話を盛り込んだりすることで改善することができると考える。

手順2 次の「レポートで伝えたいこと」を踏まえ，レポートにどのような要素(項目)が必要かを考えてみよう(教科書「資料9～10」を参照)。

「レポートで伝えたいこと」

学校紹介を考えるにあたって，どのようなことを目的として，どのような内容で学校紹介を行ったかについてまとめる。工夫した点や改善点についてもまとめ，同じことをやろうとしている人に役立つレポートにしたい。

必要な要素

手順3 手順2で書き出した要素で構成を決めよう。まず文書作成ソフトのアウトライン機能を使って，必要な要素の内容を箇条書きにして，レベル(階層)をつける。このとき，タイトルは「レベル1」，見出しは「レベル2」，以後の小見出しは「レベル3」，「レベル4」……として，レポートの内容を階層化しよう。

レベル	要素(項目名)
1	タイトル
本文	学年　クラス　番号　名前

手順4 先生が指定した名前で，作成したレポートに名前をつけて保存をしよう。

指定されたファイル名	

手順5 グループのメンバーやほかのグループの人とレポートを共有しよう。このとき一般的には文書ファイルのデータをPDF（Portable Document Format)という形式に変換して共有するとよい。

＜PDFへの変換手順＞

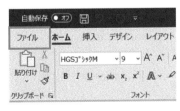

❶メニューバーから「ファイル」を選択する。

❷「名前をつけて保存」を選択。

❸ファイル名を設定し，ファイル形式は「PDF」を選択。最後に「保存」ボタンを押す。

■技法6　プレゼンテーション　ソフトウェアによる図解作成

💡 **実践問題**

1 学校の魅力を発表すると仮定し，発表の構成・流れを説明するための1枚のスライド「学校紹介の流れ」を，次の完成イメージを参考に作成してみよう。

手順1 プレゼンテーションソフトウェアの設定をしよう。

＜設定＞

スライドのレイアウト：白紙

スライドのサイズ：ワイド画面(16:9)

スライドのタイトル：学校紹介の流れ

文字サイズ：24ポイント程度

（発表することを前提に，見やすい文字の

大きさを心がける）

＜完成イメージ＞

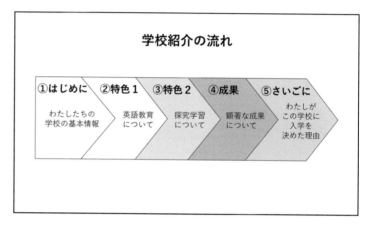

手順2 このスライドで伝えたいことを考えよう。

スライドで伝えたいこと

「学校紹介の流れ」のスライドに載せる内容

スライドを作成するうえでの留意点

手順3 次の手順でスライドを作成しよう。

❶教科書59ページの「**2**図の描画と編集」を参考にして，五角形型の図を作成しよう。

❷必要な数だけ図をコピーしよう。

❸図の重なりを変更し，手順1の完成イメージのように，流れを図示するプロセスチャートを作成しよう。図形の中に文字が収まらない場合は，右図のように図の外に配置するなどの工夫をしよう。

＜見本＞

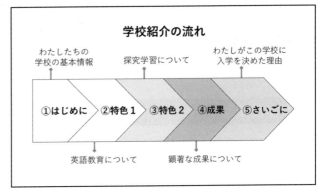

手順4 教科書「資料8」を参考に，わかりやすいスライドになっているか，以下のチェックリストで確認しよう。

カテゴリ		チェック項目
文字数	□	内容を簡潔にまとめることができている。
	□	話の構造を意識してまとめることができている。
フォント	□	視認性の高いフォントを用いている。
	□	文字の大きさは離れたところから見ても判読できる大きさになっている。
配置	□	スライド内の図がグリッド線に沿った配置になっている。
	□	スライド内のテキストがグリッド線に沿った配置になっている。
	□	文字が図からはみ出したり，図がスライドからはみ出したりしていない。
配色	□	図の配色は，スライドのテーマに沿った配色になっている。
	□	文字色と背景色は視認性の高い組み合わせになっている。

手順5 先生が指定した名前で，作成したプレゼンテーションファイルに名前をつけて保存しよう。

指定されたファイル名	

手順6 「スライドショー」タブの「最初から」を選択してプレゼンテーションモードに切り替え，「学校紹介の流れ」について説明しよう。また発表の内容やスライドの見やすさについて意見をもらおう。

発表のよい点	改善したほうがよい点

■技法7　表計算ソフトウェアによる表作成とその活用

💡 実践問題

1 40ページの手順4で考えたマトリックス図を，表計算ソフトウェアで作成しよう。

手順1 表計算ソフトウェアの画面の各名称と，マウスで行える操作を確認しよう。

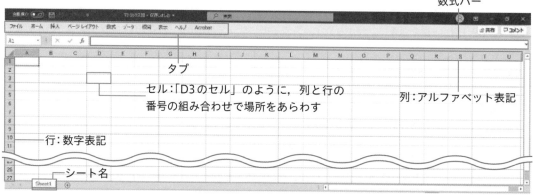

ポインタの形状	➕ or 🖱	⬍	➕
操作	範囲選択	移動	オートフィル（自動コピー）
説明	白い十字ポインタ，または矢印。ドラッグで範囲を選択できる。	選択したセルの線上にマウスポインタを重ねると，セルの内容を移動できる。	黒い十字ポインタ。セル選択後，右下にあらわれる■をドラッグすると自動コピー可能。

手順2 マトリックス図を作図する前に，あらためてマトリックス図の利点と作図の目的を考えよう。

何のために利用するのか	
どのようなときに利用するのか	
利用しやすくするための工夫	

46

<マトリックス図の完成イメージ>

	A	B	C	D	E	F	G	H	I
1									
2		評価の観点	効果※1	所要時間※2	労力※2	コスト※2	総合点	優先順位	
3		重要度	5	4	2	3			
4		解決策1：発表内容のポイントをふせんに書く	3	2	1	3	34	2	
5		解決策2：発表当日までのスケジュールをたてる	3	3	3	3	42	1	
6		解決策3：自分の発表を録音し，聞き直す	3	1	1	2	27	3	
7									
8		このマトリックス図の説明							
9		このマトリックス図は，問題解決の際に「どの解決策から取り組むとよいか」について整理するためのものです。太い線で囲まれているセルに数値を入れると，自動的に優先順位が表示されます。							
10		※1　大きいなら3，小さいなら1							
11		※2　少なくて済むなら3，多く必要なら1							
12									

手順3 マトリックス図を次の手順に従って作成しよう。

❶ 教科書60ページの手順に沿って「評価の観点」「解決策1〜3」の文字を入力し，罫線を引こう。

❷ 教科書61ページの手順に沿って，「重要度」を入力する行を挿入しよう。また，「総合点」を入力する列と，「優先順位」を入力する列も作成しよう。

❸ 教科書61ページの手順に沿って，総合点を算出する計算式を入力しよう。

手順4 優先順位を求める計算式を入力し，表の見た目を整えよう。

❶ H4のセルに関数「=RANK(G4,$G$4:$G$6)」を入力する。関数を入力すると，指定したセル（G4）に入力されている数値が，指定した範囲（$G$4:$G$6）で何番目に大きい数字か結果が表示される。	
❷ 計算式を入力したセルを選択し，図のように四角いマークを下にドラッグすると，計算式がコピーされ，それぞれの解決策の優先順位が表示される。	
❸ 上の完成イメージを参照し，表の見た目を整える。B8のセルに「このマトリックス図の説明」と入力し，利用方法の説明をその下のセルに記載する。外枠太罫線などを引き，文字色と背景色の組み合わせを意識しながら，見やすい表になるように仕上げていく。	 セルの塗りつぶし／外枠太罫線など／文字色の変更

1 「著作権」について記述した次のア～エのうち，最も適切なものを1つ選びなさい。

　ア．Webページ上に公開されている画像は，原則として著作権者の許諾なく利用してよい。

　イ．著作権フリーという言葉は，その著作物を利用規約範囲内で断りなく使用できるという意味で使われているので無制限に利用できるわけではない。

　ウ．著作権は著作物が創作された時点で自動的に発生する権利で，著作者人格権と著作権（財産権）があり，いずれも著作者の死後70年で消滅する。

　エ．非営利目的の個人的なWebページなら，他人の著作物を許諾なく掲載しても私的利用であるから問題はない。

2 次の個人情報の保護に関する法律についての説明を読み，(1)～(4)の問いに答えなさい。

A個人情報の保護に関する法律は，B個人情報の利用が拡大している事情を背景に，個人情報の有用性に配慮しつつ，個人の権利・利益を保護することを目的としている。この法律は，個人情報を取り扱う事業者に，おもに次のような内容について個人情報や個人データの適切な管理を義務づけている。

　　C・個人情報の取得・利用に関するもの
　　・個人情報の安全管理に関するもの
　　D・個人情報の第三者への提供に関するもの

(1) Aの法律の名称は，一般的にどのように呼ばれているか。

(2) 次の文章の空欄に適切な語句を記入しなさい。

　　個人情報の保護に関する法律では，下線Bを「生存する個人に関する(❶　　　　　)であって，氏名や生年月日などにより特定の個人を(❷　　　　　)することができるもの」，または「個人識別符号」としている。「個人識別符号」に該当するものには指紋，マイナンバーなどがある。

(3) 下線Cについて，事業者に義務づけられていることを具体的に答えなさい。

(4) 下線Dについて，事業者に義務づけられていることを具体的に答えなさい。

3 サイバー犯罪について次の(1)～(2)の問いに答えなさい。

　(1) ア～キのサイバー犯罪を，右ページの表「サイバー犯罪の例」の空欄に正しく分類しなさい。

　　ア．コンピュータウイルスを使って，他人のWebページを改ざんする。

イ．インターネット上で違法な商品を販売する。

ウ．他人のID・パスワードを不正に入手し，口座から預金を下ろす。

エ．他人のコンピュータを勝手に使い，データを書き換える。

オ．映画を許可なくファイル共有ソフトに公開する。

カ．サービス提供者になりすまして架空請求を送り，料金をだまし取る。

キ．会社の顧客データベースに不正にアクセスして顧客情報などの秘密情報を盗み出す。

(2) 次の語群にある語句を，表の「関連する語」の欄に正しく分類しなさい。

> **語群** A．ソーシャルエンジニアリング　B．コンピュータウイルス　C．セキュリティホール
> D．フィッシング詐欺　E．電子掲示板での誹謗中傷　F．端末の不正操作

サイバー犯罪の分類	サイバー犯罪の例	関連する語
不正アクセス禁止法違反		
コンピュータ・電磁的記録対象犯罪		
ネットワーク利用犯罪		

4 高校生のAくんは現在，自分の体重が適正な体重より重いことから，自分の摂取エネルギーは消費エネルギーより多いと考え，食事などによる摂取エネルギーと身体活動による消費エネルギーのバランスを取るための方策を考えようとしている。問題を整理，分析するために，以下の図を作成した。

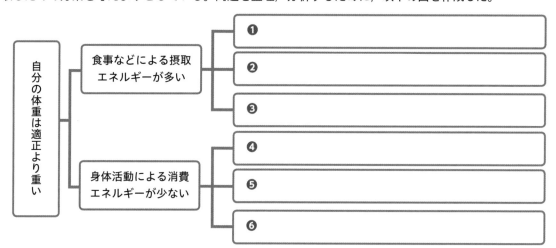

(1) 図の❶～❻に，考えられる原因を記入しなさい。

(2) 記入した❶～❻の中で，考えられる有力な原因1位と2位を番号で答えなさい。

1位		2位	

(3) 有力な原因1位について，自分で新たにロジックツリーをつくるなどして，解決策を立案しなさい。

解決策

22 ■ コミュニケーションとメディアの活用

📖 p.66 ~ p.67

第2章 コミュニケーションと情報デザイン

🔍 確認問題

下記の語群から適切な語句を選び，空欄に記入しなさい。なお，語句は複数回用いてもよい。

1 メディアとコミュニケーションの変遷

※❺と❻，❼と❽の解答は順不同。

- ▼人が互いに思いや考えを伝え合うことを（❶　　　　　　　　　）という。
- ▼情報は，送り手と受け手の間を（❷　　　　　　　）が媒介して伝わる。
- ▼メディアは時代とともに発達してきた。身振り手振りで伝えていた情報は（❸　　　　　　）の発明によって記録が可能になり，（❹　　　　　　　）の発明によってより多くの人に伝達することが可能になった。また，（❺　　　　　　）や（❻　　　　　　）が発明されてからは，離れたところにいる人にも瞬時に情報を伝えられるようになった。
- ▼20世紀に入ると，（❼　　　　　　）や（❽　　　　　　　）などの放送が開始され，広範囲の不特定多数の人々に対して大量の情報を伝達することが可能になった。
- ▼20世紀後半になると（❾　　　　　　　　）が登場した。（　❾　）により地理的・時間的な制約を越えて，簡単に（❿　　　　　　　　）をとることができるようになった。

2 メディアの利用で生じる課題

- ▼メディアの発達で便利になったことは多いが，それと同時に利用するうえでの課題が多いことも理解しておく必要がある。たとえば（⓫　　　　　　　　）の利用において，情報が拡散するスピードや影響を及ぼす範囲を理解していなかったために，軽い気持ちで発信した内容が人を傷つけてしまうこともある。
- ▼また，送り手の意図を読み違えたり，情報の（⓬　　　　　　　）を見誤ったりすることにも注意する必要がある。
- ▼メディアの利用で生じる課題は，（⓭　　　　　　　）としてのメディアの特性を理解できていないこと，互いの社会や（⓮　　　　　　）の違いを理解していないこと，（⓯　　　　　　）を伝える（読み取る）技術が未熟であることなどに起因している。

3 メディアを活用して問題を解決するために

- ▼コミュニケーションはメディアを通じて行われる。そのため，メディアの特徴を理解し，適切に活用する能力である（⓰　　　　　　　　　　）が重要になる。

語群	電話　文化　電信　テレビ　信憑性（ひょう）　メディア　伝達手段　印刷技術
	情報　ラジオ　文字　インターネット　コミュニケーション　メディア・リテラシー

1 次に示す❶〜❻の手段や技術が発明されたことにより，人々のコミュニケーションや社会にはどのような変化があったか，それぞれ答えなさい。

手段・技術	人々のコミュニケーションや社会に生じた変化
❶ 文字	
❷ 印刷技術	
❸ 写真	
❹ 電信・電話	
❺ ラジオ・テレビ	
❻ インターネット	

2 マイクロブログに「この帽子かわいくない」と書かれていた。このメッセージは，受け手によって異なる解釈が成り立つ。考えられる解釈を2つ，また，なぜこのように異なる解釈ができるのか，その理由を記入しなさい。

解釈	
原因	

3 スマートフォンやインターネットが使えない場合，次のような場面ではどのようにコミュニケーションを取ればよいか答えなさい。

❶ 学校で友だちと約束した明日の待ち合わせ時間を，帰宅してから家の都合で変更しなくてはならなくなった。

❷ 海外の姉妹校を訪問した際に行う交流イベントのため，事前の準備を姉妹校にお願いする。

23 ■ コミュニケーション手段の特性

p.68 ~ p.69

🔍 確認問題

下記の語群から適切な語句を選び，空欄に記入しなさい。なお，語句は複数回用いてもよい。

1 コミュニケーションの形態

▼個人と個人との間でコミュニケーションをすることを（❶　　　　　　　），個人と多人数との間でコミュニケーションをすることを（❷　　　　　　　）のコミュニケーションという。また，時間を共有する場合は（❸　　　　　　　），時間を共有しない場合は（❹　　　　　　　）なコミュニケーションという。

▼電話は通常（❺　　　　　　）で，時間を共有する（❻　　　　　　）なコミュニケーションである。いっぽう，インターネットの電子掲示板は（❼　　　　　　）で，時間を共有しない（❽　　　　　　）なコミュニケーションである。

2 インターネット上でのコミュニケーションの特性

▼インターネットでは実名を公開せずに（❾　　　　　　　　　　）などで情報を書き込むことができる。このように人物の身元が特定できない性質のことを（❿　　　　　　）という。

▼インターネット上で発信された情報は複製しやすく，（⓫　　　　　　）されやすい。また，一度（　⓫　）された情報は削除することが難しい。

▼インターネットの普及により，個人が世界に情報を発信できるようになった。しかし，個人による情報発信においては，（⓬　　　　　　）も影響し，情報の真偽を確認しないまま公開されてしまうことも多い。また，なかには，うその情報である（⓭　　　　　　　　　）を意図的に流す人もいるため，情報を受信する側にはその情報の（⓮　　　　　　）を見極める力が求められる。

3 伝達可能な表現／適切なメディアの使い分け

▼伝達するメディアの種類によって，伝送できる表現の種類は異なる。たとえば人が対話するとき，言葉だけでなく，身振り手振りや表情，声のトーンなどの（⓯　　　　　　　　　）も併せて相手に伝えようとする。

▼電子メールのようなテキスト主体のメディアでは，（⓰　　　　　　　　　）を伝えることが難しい。そのため，感情面の情報を伝えるために，テキストで感情をあらわした（⓱　　　　　　　）や，メッセージの代わりにも使える小さなイラストである（⓲　　　　　　　）などが利用されやすい。

▼コミュニケーションをとる際は，メディアの特性を踏まえた選択が求められる。たとえば，個人的な内容のメッセージを（⓳　　　　　　　　　）に公開することは避けたほうがよい。

語群　1対多　ハンドルネーム　同期的　ソーシャルメディア　顔文字　匿名性
フェイクニュース　拡散　非言語情報　スタンプ　信憑性　1対1　非同期的

 **練習問題**

1 下の語群にあるコミュニケーションの手段を，表の空欄に記入して分類しなさい。

	同期的	非同期的
1対1		
1対多		

語群	ブログ　　電話　　テレビニュース　　手紙

2 次のインターネット上の事象について，実際に社会で起きた例を調べ，その概要を空欄に記入しなさい。

❶ 匿名での誹謗中傷，プライバシー侵害の例

❷ 災害などの非常事態において，効果的に情報が発信・拡散された例

❸ フェイクニュースの例

3 非言語情報は文化によって異なる意味を持っている。日本の文化と異なる文化を比較し，同じ身振り手振りが異なる意味に理解される例を調べ，空欄に記入しなさい。

身体表現	
日本での意味	
（　　　）での意味	

24 ■インターネットの発展

📖 p.70 - p.71

🔍 **確認問題**

下記の語群から適切な語句を選び，空欄に記入しなさい。

1 情報社会を支える技術の発展　　　　　　　　　　　　　　　　　　　※❶と❷の解答は順不同。

▼現代の情報社会は，(❶　　　　　　　　　)技術と(❷　　　　　　　　　　)技術に支えられている。

2 ARPANETの開発

▼インターネットの起源は，アメリカの(❸　　　　　　　　　)というネットワークの開発にある。このネットワークは通信経路を複数用意することで，通信経路のある箇所に障害が起きても，通信が途絶しないという特徴を持っていた。(　❸　)においては，データは(❹　　　　　　　　　)という小さなデータに分割して送受信されていた。これは現在のインターネットと同じしくみである。

3 インターネットの登場

▼(❺　　　　　　　　　　　)の登場により，情報の流通範囲は大きく広がった。

4 ブロードバンドの普及

▼初期のインターネットへの接続は(❻　　　　　　　　)を利用していたため，通信速度が遅かった。

▼21世紀に入り，光ファイバを使う(❼　　　　　　)や放送ケーブルを使う(❽　　　　　　)など，高速・大容量の通信を実現した(❾　　　　　　　　　)が普及した。これにより，それまでは難しかった写真や動画の共有サービスなどが提供されるようになった。

▼携帯電話網における高速通信技術は(❿　　　　)から(⓫　　　　)へ移行しつつある。(　❿　)では50Mbps～1Gbpsだった(⓬　　　　　　　　　　)は，(　⓫　)では10～20Gbpsとより高速になっている。

5 インターネットと情報格差

▼社会インフラとしてのインターネットの重要性が高まるにつれ，その恩恵にあずかれる人とそうでない人との間に(⓭　　　　　　　)の問題が生じている。

▼社会インフラとしての電話や郵便は(⓮　　　　　　　　　　　)とされており，公共性を確保することが義務づけられている。

語群　パケット　インターネット　ネットワーク　デジタル　CATV　ブロードバンド
情報格差　データ転送レート　5G　ユニバーサルサービス　FTTH　4G
ARPANET　電話回線

1 電話の通信網は回線交換方式と呼ばれ，インターネットの通信網とは異なる特徴を持つ。回線交換方式について調べ，図1を参考に説明しなさい。

図1
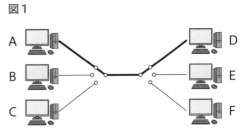

2 ARPANETのネットワークが電話の回線交換方式とは異なる点をまとめなさい。

3 5Gによって普及が期待されるサービスを調べ，空欄に記入しなさい。

4 情報格差のどのような点が問題か，どのようなグループや地域で生じているのかの事例を調べ，空欄に記入しなさい。同様に，情報格差を解消するためのアイデアも記入しなさい。

問題点と事例	
アイデア	

25 ■情報機器のパーソナル化と ソーシャルメディア

p.72 – p.73

p.72 – p.73

第2章 コミュニケーションと情報デザイン

🔍 確認問題

下記の語群から適切な語句を選び，空欄に記入しなさい。

1 情報機器のパーソナル化

▼かつて情報機器は高価だった。電話も当初はすべての家庭に普及していたわけではない。自分の家に電話がない人は，緊急時には近所の家に電話を借りることもあった。それが，時代とともにそれぞれの家庭に1台ずつ普及していった。ただし，当時，それは家族の(❶　　　　　)だった。

▼音楽プレーヤもかつてはオーディオシステムが家族の(❶)とされていたが，持ち運び可能な携帯音楽プレーヤの発売によって，(❷　　　　　)へと変化した。このような変化を(❸　　　　　)という。

▼電話は現在，個人で使う(❹　　　　　)として広く普及している。

2 ソーシャルメディア

▼多数の人々や組織が相互に情報を発信し，共有できる双方向型のコミュニケーションサービスを提供するメディアを(❺　　　　　)という。

▼個人や企業が情報を時系列で記録・公開するサービスを(❻　　　　　)という。

▼(❻)の一種で，字数制限があることが特徴のサービスを(❼　　　　　)という。

▼写真を簡単に投稿できるサービスを提供するサイトを(❽　　　　　)という。

▼動画の共有やコメントの投稿ができるサービスを提供するサイトを(❾　　　　　)という。

▼テキストやスタンプをほぼリアルタイムに交換できるアプリを(❿　　　　　)という。

▼多くの人がメッセージ交換をする場を提供するサービスを(⓫　　　　　)という。

▼情報の投稿を起点として，利用者どうしがコメントや評価をつけ合いながら，ネットワーク上で人間関係を広げていくことができるサービスの総称を(⓬　　　　　)という。

▼ソーシャルメディアで情報を公開する際は，情報の(⓭　　　　　)に気を配る必要がある。多くの会員制サービスでは，会員しか閲覧できないように設定したり，知り合いしか閲覧できないように設定したりすることができる。

▼ソーシャルメディアの多くは運営企業が利用者に対して(⓮　　　　　)を表示することで利益を得ている。サービス提供会社は，利用者の投稿した内容などをもとに趣味や嗜好を考慮した(⓮)を表示している。このように，利用者は自身の(⓯　　　　　)を提供する形で，サービスを無料で受けている。

語群　共有物　　行動履歴　　写真共有サイト　　広告　　ブログ　　ソーシャルメディア

パーソナル化　　SNS　　スマートフォン　　公開範囲　　マイクロブログ　　動画共有サイト

メッセージ交換アプリ　　私有物　　電子掲示板

1 家庭にある電話の置き場所は時代により変化している。家族に聞いたり，時代設定が明確になっているテレビドラマやアニメなどを参考にしたりして，電話の置き場所の変化を調べ，表にまとめなさい。

年代			
電話の置き場所			
情報源			

2 スマートフォンの利用において，「歩きスマホ」が問題視されている。歩きスマホにかかわる法令や条例にはどのようなものがあるかを調べ，表にまとめなさい。

法令や条例	
内容	

3 ソーシャルメディアなどにおいて，次の❶～❹の事象や人物，行為を何というか調べ，答えなさい。

❶ 著名人や会社・団体などが公的に情報を発信するためのアカウント

❷ 個人が友だちなどに知らせているアカウントとは別に，周囲に隠れて使っているアカウント

❸ ソーシャルメディアにおける発信力が高く，多くの人に影響を与える人

❹ 広告だとわからないように，製品やサービスの宣伝を行う行為

❶		❷	
❸		❹	

4 自身がソーシャルメディアで発信している内容と情報の公開範囲について，該当するものに○をつけなさい。

プロフィール情報	写真
■氏名　〔　公開　・　限定公開　・　非公開　〕 ■性別　〔　公開　・　限定公開　・　非公開　〕 ■住所　〔　公開　・　限定公開　・　非公開　〕 ■学校名　〔　公開　・　限定公開　・　非公開　〕 ■家族構成〔　公開　・　限定公開　・　非公開　〕 ■趣味　〔　公開　・　限定公開　・　非公開　〕	■自撮り　〔　公開　・　限定公開　・　非公開　〕 ■友だち　〔　公開　・　限定公開　・　非公開　〕 ■食べ物　〔　公開　・　限定公開　・　非公開　〕 ■ペット　〔　公開　・　限定公開　・　非公開　〕

26 ■コンピュータとデジタルデータ

📖 p.76 - p.77

🔍 確認問題

下記の語群から適切な語句を選び，空欄に記入しなさい。なお，語句は複数回用いてもよい。

1 アナログとデジタル

▼連続的に変化する量を，連続して変化する別のものを用いてあらわす方式を（❶　　　　　　　）という。

▼連続的に変化する量を，一定間隔で区切って数値で表現する方式を（❷　　　　　　　）という。

▼連続する量をデジタルデータに変換することを（❸　　　　　　　）という。またアナログデータをデジタルデータに変換することを（❹　　　　　　　），その逆を（❺　　　　　　　）という。

	アナログデータ	デジタルデータ
記録	記録する（❻　　　　　　　）がデータの種類ごとに異なる。	動画，画像，テキストなど，どんな種類のデータでも同じ（❼　　　　　　　）に保存できる。
加工	統合，加工，編集がデジタルデータと比べて（❽　　　　　　　）。	統合，加工，編集が（❾　　　　　　　）。
劣化	複製のたびに劣化する。	複製や（❿　　　　　　　）をしても劣化しにくい。

2 コンピュータとデジタル

▼コンピュータは，デジタルデータを（⓫　　　　　）進法で表現し，処理している。

▼（　⓫　）進法の1桁の持つ情報量を1（⓬　　　　　　　）という。1（　⓬　）はコンピュータが扱う情報量の最小単位である。また，8（　⓬　）をまとめて1（⓭　　　　　　　）という。大きな情報量をあらわすときには（　⓬　）や（　⓭　）の前にK（キロ）やG（ギガ）といった（⓮　　　　　　　）をつける。

▼1バイトは2^8，つまり0から255までの（⓯　　　　　　　）通りの数をあらわすことができる。

3 コンピュータで用いられる数の表現

▼2進法は，わたしたちが日常で使う10進法と比べて桁数が大きい。たとえば，11を2進法であらわすと，（⓰　　　　　　　）になり，23を2進法であらわすと（⓱　　　　　　　）となる。このように，桁数が大きいと人間には扱いづらくなるため，プログラミング言語などで記述する際は，2進法の数を4ビットずつまとめた（⓲　　　　　）進法を使うこともある。

語群	10111　　デジタル　　1011　　伝送　　16　　容易ではない　　ビット　　A/D変換　　2
	D/A変換　　アナログ　　接頭語　　容易である　　メディア　　バイト　　256　　デジタル化

 練習問題

1 次の❶～❹の表現方法がアナログとデジタルのどちらに当てはまるか，それぞれ答えなさい。

❶ 手を広げて棚の幅をあらわした。

❷ 体重計で体重をはかったら，重さが数値で表示された。

❸ スマートフォンで音声を録音した。

❹ 水彩絵の具で風景をスケッチした。

アナログ	
デジタル	

2 次の❶～❸の情報量を，指示された補助単位に変換しなさい。

❶ 1 KB ⇒ 〔　〕B

❷ 5 KB ⇒ 〔　〕B

❸ 512 MB ⇒ 〔　〕GB

❶	B	❷	B
❸	GB		

3 次の❶～❸の10進法であらわされた数値を2進法であらわしなさい。途中式も記入しなさい。

❶ 20　　　　　　　　　❷ 35　　　　　　　　　❸ 125

4 次の❶～❷の2進法であらわされた数値を10進法であらわしなさい。途中式も記入しなさい。

❶ 1010111

❷ 10110011

5 次の❶～❸の2進法であらわされた数値を16進法であらわしなさい。過程も記入しなさい。

❶ 10011010　　　　　　❷ 11110011　　　　　　❸ 01011100

27 文字のデジタル表現

確認問題

下記の語群から適切な語句を選び，空欄に記入しなさい。複数の語句が提示されている欄については，適切なものに○をつけなさい。なお，語句は複数回用いてもよい。

1 文字コード

▼コンピュータ内部では，文字や記号も2進法であらわされ，1つ1つの文字に(❶　　　　　　　　)が割り当てられている。(　❶　)の割り当て方を(❷　　　　　　　　)といい，いくつかの種類がある。

▼英数字の(　❷　)のひとつに，1963年に定められた(❸　　　　　　　　)がある。これは英数字1文字あたり(❹　　　)ビットであらわし，たとえばアルファベットのZは(❺　　　　　　　　)という2進法7桁のコードが割り当てられている。

2 さまざまな文字コード体系とUnicode

▼世界各国は，(❻　　　　　　　　)を拡張して自国の文字を扱える文字コード体系を定めている。

▼日本では，(❼　　　　　　　　)，Shift_JISなどの(❽　　　　　　　　)が使われるようになった。

▼情報機器の普及にともない，世界中の文字を1つの文字コード体系で扱う必要性が高まり(❾　　　　　　　)がつくられた。

▼(　❾　)は，現在最も普及している文字コード体系である。(　❾　)にはエンコーディング方式の違いにより，(❿　　　　　　　)やUTF-16などがある。

3 文字の表示と印刷

▼文字をディスプレイ上に表示したり，プリンタで印字したりするには，文字コードとは別に文字の形のデータが必要となる。文字1つ1つの形を(⓫　　　　　)といい，(　⓫　)の集合を(⓬　　　　　　)という。

▼(　⓫　)を記録・表現するには2つの方法がある。ひとつは，文字をドットの配置として記録するもので，この表現を用いた(　⓬　)を(⓭　　　　　　　　　　)という。もうひとつは，座標などをもとに文字の輪郭線を記録するもので，(⓮　　　　　　　　　　)という。(　⓮　)は，文字を拡大しても，その大きさに合わせて輪郭線を表示・印字するため，(　⓯　なめらかに ・ ギザギザが目立って　)見えるという特徴がある。

語群　UTF-8　　グリフ　　フォント　　ASCII　　文字コード体系　　Unicode　　文字コード
アウトラインフォント　　JISコード　　エンコーディング方式　　7　　ビットマップフォント
1011010

練習問題

1 次の(1)〜(2)の問いに答えなさい。

(1) 教科書78ページのASCIIの文字コード表を参考に，次の文字コードが割り当てられている文字を答えなさい。

❶ 1001010　　　　　❷ 1100111　　　　　❸ 1000000
❹ 0100101　　　　　❺ 1101101　　　　　❻ 0111111

❶		❷		❸	
❹		❺		❻	

(2) 教科書78ページのASCIIの文字コード表を参考に，次の文字に割り当てられる文字コードを答えなさい。

❶ $　　　　　　　❷ 8　　　　　　　❸ y

❶		❷		❸	

2 フォントの名称を示した語群の語句について，その意味をインターネットで調べ，次の❶〜❹の書体がどれに該当するか答えなさい。

❶	❷	❸	❹

> 語群　行書体　　明朝体　　ゴシック体　　POP体

3 次の❶〜❷の図はビットマップフォントかアウトラインフォントか，それぞれ答えなさい。

❶	❷

28 ■データの圧縮

📖 p.80 ~ p.81

🔍 確認問題

下記の語群から適切な語句を選び，空欄に記入しなさい。複数の語句が提示されている欄については，適切なものに○をつけなさい。

1 データ圧縮と圧縮率

※❾と❿の解答は順不同。

▼あるデータの内容や意味を保ったままデータ量を減らす処理を(❶　　　　　)という。

▼(　❶　)したファイルをもとのデータに戻すことを(❷　　　　　)という。

▼圧縮率は，(❸　圧縮前　・　圧縮後　)のデータ量を(❹　圧縮前　・　圧縮後　)のデータ量で割ることによって求められる。

▼圧縮形式には，もとのデータに戻すことができる(❺　　　　　　　　　　)と，戻すことができない(❻　　　　　　　　　　　)がある。

▼文書作成ソフトウェアや表計算ソフトウェアで作成中のデータを，あとで作業を再開することを前提として圧縮する際は，(❼　可逆圧縮　・　非可逆圧縮　)が適している。一般的に(❽　可逆圧縮　・　非可逆圧縮　)のほうが圧縮率は高い。

▼可逆圧縮が使われている画像圧縮形式には(❾　　　　　)や(❿　　　　　)がある。

▼非可逆圧縮が使われているデータ形式には，画像圧縮形式として(⓫　　　　　　　)，音声圧縮形式として(⓬　　　　　)，動画圧縮形式として(⓭　　　　　　)がある。

2 可逆圧縮の利用

▼ファイル圧縮によく使われるデータ形式には(⓮　　　　　)がある。

▼(　⓮　)を用いることで，複数のファイルを1つの圧縮ファイルにまとめられる。(⓯　　　　　　)に添付して送るときはとくに扱いやすくなる。

3 可逆圧縮のしくみ

▼可逆圧縮のしくみのひとつ，(⓰　　　　　　　　　)は，同じデータが連続する部分に着目する。データ中に繰り返し同じパターンがあらわれることを利用しているため，同じパターンが(⓱　多　・　少な　)ければ，データ量が逆に増えてしまうこともある。

▼(⓲　　　　　　　　　)は，出現頻度の高いデータに短いビット列を割り当てることにより，データ量を小さくするしくみである。

語群　電子メール　展開　PNG　非可逆圧縮　GIF　ランレングス法　ZIP　圧縮
JPEG　MPEG　可逆圧縮　ハフマン符号化　MP3

練習問題

1 次の❶〜❷の圧縮率（%）を求めなさい。

❶ 100MB のデータを圧縮したところ
　30MB になった。

❷ 10MB のデータを圧縮したところ
　512KB になった。

❶	
❷	

2 次の（1）〜（3）の空欄を埋めなさい。

図1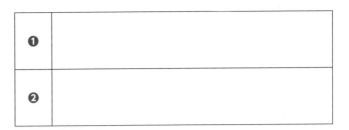

図1は8×8＝64ビットで「P」をあらわしたビットマップデータである。
下記の手順によりランレングス法で圧縮し，圧縮率を求めなさい。

（1）白を0，黒を1とし，左上から順番に，それらの個数をあらわすと下の表のようになる。

白／黒	0	1	0	1	0	1	0	1	0	1	0	1	0	1	0
個数	9														

（2）このデータは0と1のみで成り立っており，0と1が交互にあらわれる規則がある。そこで表の上段を省略し，下段に注目する。下段には（❶　　　　）個の数が入る。最小値は（❷　　　），最大値は（❸　　　）になり，2進法では（❸）の数値は（❹　　　）桁（＝ビット）で表現できる。

（3）圧縮後のデータ量は，（❶　　　）ビット×（❷　　　）個＝（❸　　　）ビットとなる。圧縮前のデータ量は（❹　　　）ビットなので，圧縮率を計算すると約（❺　　　）％となる。　※❺は小数第1位を四捨五入。

3 次のテキストデータをハフマン符号化した。空欄を埋めて圧縮率を求めなさい。

テキストデータ　ABBBEBACDDBACACCBDBBCCB

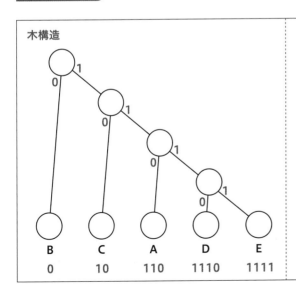

木構造

B　C　A　D　E
0　10　110　1110　1111

データ量と圧縮率の計算

圧縮前のデータ量（1文字を3ビットとする）は

（❶　　　）文字×3ビット＝（❷　　　）ビット

ハフマン符号化後のデータ量は

B（❸　　　）×（❹　　　）ビット＝（❺　　　）ビット
C（❻　　　）×（❼　　　）ビット＝（❽　　　）ビット
A（❾　　　）×（❿　　　）ビット＝（⓫　　　）ビット
D（⓬　　　）×（⓭　　　）ビット＝（⓮　　　）ビット
E（⓯　　　）×（⓰　　　）ビット＝（⓱　　　）ビット
　　　　　　　　　　　　合計（⓲　　　）ビット

圧縮率は約（⓳　　　）％　※⓳は小数第1位を四捨五入。

29 ■音のデジタル化

p.82 - p.83

確認問題

下記の語群から適切な語句を選び，空欄に記入しなさい。複数の語句が提示されている欄については，適切なものに○をつけなさい。

1 音のデジタル化

▼音は，マイクロホンでとらえたアナログ信号を(❶　　　　　)，(❷　　　　　)，(❸　　　　　)の順で処理してデジタルデータに変換される。

▼このような手順で音のアナログ信号をデジタル化することを(❹　　　　　)方式という。

▼1秒間に(　❶　)を行う回数を(❺　　　　　)といい，単位に(❻　　　　　)を用いる。

▼(　❶　)により得られた波の高さの値を，(❼　　　　　)であらかじめ決められた目盛りに最も近い値に変換することを(　❷　)という。

▼音楽CDの(　❼　)は(❽　　　　　)ビットである。

2 サンプリング周波数と量子化ビット数

▼音声データは，時間軸と電圧(音圧)を細かく区切るほど原音の波形に近づく。そのためにはサンプリング周波数と量子化ビット数の値を(❾　大きく　・　小さく　)すればよいが，データ量が増えてしまう。

▼音をできるだけ正確に記録するためには，記録(録音)したい最高周波数の(❿　　　　　)倍を超えるサンプリング周波数で標本化する必要がある。これを(⓫　　　　　)という。

▼人間が聞き取れる最も高い音は(⓬　　　　　)kHzといわれている。

▼音楽CDのサンプリング周波数は(⓭　　　　　)kHzである。

3 音声データのファイル形式

▼音声データのうちPCM方式でデジタル化された無圧縮のファイルを(⓮　　　　　)形式という。基本的にデータ量の大きい形式である。

▼動画の圧縮規格であるMPEG-1，MPEG-2で用いられる音声データの形式を(⓯　　　　　)という。

▼動画の圧縮規格であるMPEG-2，MPEG-4で用いられる音声データであり，(　⓯　)よりも圧縮率が高いファイル形式に(⓰　　　　　)がある。

▼音をデジタル化する方法には，PCM方式とは別に，音色の種類，楽譜のデータ(高さ，長さ，大きさ，テンポなど)をデータ化する方法もある。この規格を(⓱　　　　　)という。

語群　AAC　符号化　サンプリング周波数　WAVE　2　標本化　Hz（ヘルツ）　16　量子化　PCM　20　MIDI　標本化定理　44.1　量子化ビット数　MP3

1 あるアナログ音声データを，サンプリング周波数10Hz，量子化ビット数4ビットでデジタル化する過程について，次の(1)～(3)の問いに答えなさい。

(1) サンプリング周波数10Hzでは，何秒間隔でデータを取り出すのか答えなさい。

(2) 量子化ビット数4ビットであらわすことができる整数は，10進法ではいくつからいくつになるか答えなさい。

(1)	秒
(2)	

(3) 音声データを量子化し，グラフを作成した。0.1～1.0秒までの符号化された値4桁を答えなさい。

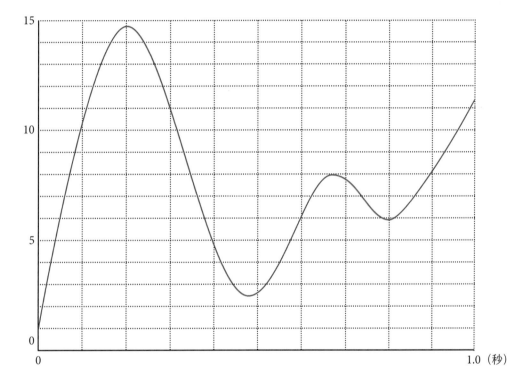

	0.1秒	0.2秒	0.3秒	0.4秒	0.5秒	0.6秒	0.7秒	0.8秒	0.9秒	1.0秒
符号化した値										

2 **1**の条件でデジタル化したデータ量について，次の❶～❸の問いに答えなさい。

❶ サンプリングした1か所あたりのデータ量(単位：bit)

❷ 1秒間あたりのデータ量(単位：B)

❸ 1分間あたりのデータ量(単位：B)

❶		bit	❷		B
❸		B			

30 ■ 画像のデジタル化

📖 p.84 – p.85

🔍 確認問題

下記の語群から適切な語句を選び，空欄に記入しなさい。

1 画像のデジタル化

▼デジタルカメラなどで取り込んだ画像は，（❶　　　　　　），（❷　　　　　　），（❸　　　　　　）の過程を経てデジタルデータとして記録，保存される。（❶　）は，画像をカラーで取り込む場合，画像を画素に分割し，画素ごとに（❹　　　　　　）の3色の濃淡を読み取る。（❷　）は読み取った濃淡を数値で表現する。（❷　）されたデータは（❸　）で（❺　　　　　　）進法に変換される。

2 解像度と色の表現（階調）

▼デジタル画像は（❻　　　　　　）といわれる小さな点が規則正しく並ぶことによって表現されている。

▼（❻　）の細かさを（❼　　　　　　）という。

▼画像をデジタル化する際の量子化において，色の濃淡を何段階であらわせるかを（❽　　　　　　）という。

▼画像を画素1つ1つの集合としてあらわすものを（❾　　　　　　）という。

3 ビットマップ画像のデータ量

▼ビットマップ画像のデータ量は，1色あたりのデータ量に（❿　　　　　　）と画素数をかけて求める。

4 画像処理ソフトウェア

▼直線の始点と終点，それらを結ぶ線の種類などを座標や数式で表現した画像を（⓫　　　　　　）という。

▼画像を処理するソフトウェアには，ビットマップ画像を扱う（⓬　　　　　　）ソフトウェアと，ベクトル画像を扱う（⓭　　　　　　）ソフトウェアがある。

5 画像データのファイル形式

▼画像データの代表的なファイル形式のひとつである（⓮　　　　　　）形式は，ビットマップ画像の無圧縮のデータである。

▼デジタルカメラの標準的なファイル形式に（⓯　　　　　　）形式がある。

▼可逆圧縮のファイル形式のひとつである（⓰　　　　　　）形式は，256色までしか扱えない。

語群	RGB　　ペイント系　　階調　　解像度　　量子化　　BMP　　2　　ベクトル画像　　色数
	GIF　　符号化　　ビットマップ画像　　ドロー系　　画素　　JPEG　　標本化

練習問題

1 画素に対して次の❶～❸のビット数の階調で表現できる色の数を答えなさい。

❶ モノクロ(白黒)1ビット　　　❷ モノクロ(白黒)8ビット　　　❸ カラーRGB 各4ビット

❶	色	❷	色(白～黒の濃淡の数)	❸	色

2 横640ドット,縦480ドットの大きさのビットマップ画像について,次の❶～❸の色数・ビット数でのデータ量を求めなさい。なお,解答は単位をB(バイト)で答えなさい。

❶ モノクロ(白黒)
1ビット

❷ モノクロ(白黒)
8ビット

❸ カラーRGB
各8ビット

3 次の❶～❻の色について,教科書の資料12を参考に,対応する16進法による表記であらわしなさい。

❶ White

❷ Blue

❸ Red

❹ Green

❺ Yellow

❻ Silver

4 次の❶～❹の文章について,正しいものには〇,間違っているものには×で答えなさい。

❶ ドロー系ソフトウェアは,画素1つ1つをデータとして記録する。

❷ ドロー系ソフトウェアは点や線などを,座標や数式で表現し,データとして記録する。

❸ デジタルカメラの一般的な保存形式はJPEGである。

❹ GIFやJPEGは圧縮技術を使ったファイル形式である。

❶		❷		❸		❹	

動画のデジタル化

p.86 - p.87

確認問題

下記の語群から適切な語句を選び，空欄に記入しなさい。

1 動画のしくみ

▼動画は，わずかに異なる静止画像を短い時間間隔で連続して表示したときに，人間には動いている映像として見えるしくみを利用している。動画を構成する1つ1つの静止画像を（❶　　　　　　　）という。

▼動画の1秒あたりの（❶）数を（❷　　　　　　　　　）という。（❷）は（❸　　　　　　　）という単位であらわされる。

2 動画のデジタル化と圧縮

▼動画は記録に必要なデータ量が文字や画像，音声などと比べてとても大きい。そのため，（❹　　　　　　）技術が不可欠である。

▼動画の（❹）方法にはおもに2つの種類がある。ひとつは，フレームの静止画像1枚1枚を（❹）する（❺　　　　　　　　　　　）である。もうひとつは，図1のように連続するフレーム間の（❻　　　　　　）だけを記録する（❼　　　　　　　　　）である。

図1

3 動画データの圧縮技術と動画データのファイル形式

※❾と❿の解答は順不同。

▼動画を圧縮・展開する技術やアルゴリズムを（❽　　　　　　　　　　　）という。動画は映像と音声を両方扱うため，それぞれの表現方式や使用できる（❽）の違いなどにより，多くのファイル形式が存在する。

▼おもな（❽）に，（❾　　　　　　　），（❿　　　　　　　　），DivXなどがある。

▼Windowsの標準的な動画データのファイル形式で，拡張子が「.avi」になる形式を（⓫　　　　　）という。データ量は比較的大きい形式である。

▼MPEG-4規格で圧縮された動画のファイル形式を（⓬　　　　　）という。

▼デジタル著作権管理機能に対応した動画のファイル形式に（⓭　　　　　）がある。

語群　圧縮　　差分　　ビデオコーデック　　フレーム　　MP4　　MPEG-4　　フレーム内圧縮

WMV　　fps　　H.264　　AVI　　フレームレート　　フレーム間圧縮

練習問題

1 次の❶～❷のメディアの一般的なフレームレートはいくつか答えなさい。

❶ 映画

❷ テレビ（地上デジタル放送）

	❶		❷	

2 動画のデータ量について次の(1)～(3)の問いに答えなさい。

> ヒント　1秒あたりの動画のデータ量 = 静止画1枚のデータ量 × フレームレート

(1) 静止画1枚のデータ量が900KB，フレームレートが30fpsの動画について，1秒あたりのデータ量を求めなさい。解答は単位をMBで，小数第2位を四捨五入し，小数第1位まで求めなさい。

(2) 1GBの記録メディアに問い(1)の動画は約何秒記録できるか求めなさい。なお，解答は小数第2位を四捨五入し，小数第1位まで求めなさい。

(3) 問い(1)のデータをあるビデオコーデックで圧縮したところ，圧縮後のファイルのデータ量が1秒あたり13MBになった。このときの圧縮率はいくつになるか求めなさい。なお，解答は小数第2位を四捨五入し，小数第1位まで求めなさい。

3 次の文章の空欄に数値を入れなさい。

　スマートフォンのスローモーション機能は，次のような方法が使われている。

　一般的に，動画は30fpsほどのフレームレートで録画・再生される。スローモーションの動画をつくるためには，30fpsよりも大きい，たとえば120fpsでまず撮影する。次に120fpsで撮影したデータを30fpsで再生すれば，実際の速度の（　　　　）分の1で動く，スローモーション再生となる。

32 ■情報のデジタル化とデータ量

p.88 - p.89

練習問題

1 音のデータ量

ヒント 音(PCM方式)のデータ量の計算式

1秒あたりのデータ量(bit) = サンプリング周波数 × 量子化ビット数 × チャンネル数

※モノラルのチャンネル数は1, ステレオのチャンネル数は2

(1) PCM方式(サンプリング周波数8,000Hz, 量子化ビット数16ビット)でデジタル化した1分間のモノラル(1チャンネル)音声のデータ量を求めなさい。なお, 解答は単位をKBで, 小数第2位を四捨五入し, 小数第1位まで求めなさい。

(2) PCM方式(サンプリング周波数20,000Hz, 量子化ビット数16ビット)でデジタル化した1分間のステレオ(2チャンネル)音声のデータ量を求めなさい。なお, 解答は単位をMBで, 小数第2位を四捨五入し, 小数第1位まで求めなさい。

(3) 問い(1)の音声データをMP3形式に変換したところ, データ量が120KBになった。このときの圧縮率を求めなさい。解答は小数第2位を四捨五入し, 小数第1位まで求めなさい。

2 画像のデータ量

 画像（ビットマップ画像）のデータ量の計算式

ビットマップ画像のデータ量（bit）＝ 1色あたりのデータ量（bit）× 色数 × 画素数

※色数はモノクロなら1，RGBなら3
※画素数は縦横の画素をかけたもの

(1) 画素数1,920×1,080で，RGB各色を4ビットでデジタル化したときのビットマップ画像のデータ量を求めなさい。解答は単位をMBで，小数第2位を四捨五入し，小数第1位まで求めなさい。

(2) 問い(1)の画像をJPEG形式に変換したところ，700KBになった。このときの圧縮率を求めなさい。解答は小数第2位を四捨五入し，小数第1位まで求めなさい。

3 動画のデータ量

(1) 1フレームの画素数640×480ピクセル，RGB各色8ビット，フレームレート30fpsの1分間の無圧縮動画のデータ量を求めなさい。解答は単位をGBで，小数第2位を四捨五入し，小数第1位まで求めなさい。

(2) 1フレームの画素数3,840×2,160ピクセル，RGB各色8ビット，フレームレート30fpsの1分間の無圧縮動画のデータ量を求めなさい。解答は単位をGBで，小数第2位を四捨五入し，小数第1位まで求めなさい。

(3) 問い(1)の動画をあるビデオコーデックを利用して圧縮形式に変換したところ，340MBになった。このときの圧縮率を求めなさい。小数第2位を四捨五入し，小数第1位まで求めなさい。

■ 情報デザインとは

📖 p.92 ~ p.93

第2章 コミュニケーションと情報デザイン

🔍 確認問題

下記の語群から適切な語句を選び，空欄に記入しなさい。

1 情報デザインとは

▼社会や身のまわりの問題に対し，デザインを通してそれらを解決するために用いる表現方法や技術などのことを(❶　　　　　　　　　)という。

▼(　❶　)では，情報をわかりやすく伝える，操作性を高めるなど，(❷　　　　　　　)の立場に立ったデザインの工夫が求められる。

2 情報デザインで使われる手法

▼情報デザインでは，具体的な事象から要点を抽出してシンプルに表現する(❸　　　　　　)，データを表やグラフであらわす(❹　　　　　　)，複数の事象の関係性を表現する(❺　　　　)などの手法が使われる。

▼情報を伝える際，年齢や言語，文化，障害の有無などに左右されないようにする必要がある。このような配慮がなされたデザインを(❻　　　　　　　　　　　　　　)という。

語群	ユニバーサルデザイン　　情報デザイン　　抽象化　　利用者　　構造化　　可視化

✏️ 練習問題

1 次のピクトグラムやサインが何を示しているか，下記の語群から適切な語句を選びなさい。

❶ 　　　❷ 　　　❸

❶		❷		❸	

語群	温泉　　祈祷室　　プレゼンテーション

2 次の❶～❸の文に示されている関係を，教科書「資料3～4」の図解表現などを参考に可視化しなさい。

❶ マヌルネコ，オセロット，サーバルはいずれも
ネコ科の生物です。そのなかでマヌルネコは，寒
い地域に住んでいるネコです。

❷ A高校の生徒会の組織は，生徒会長の下に副会長
がいます。さらに，副会長の下に書記と会計がい
ます。これら生徒会執行部の下に各種委員会があ
ります。

❸「わたしが学校まで来るのは，こんな感じ。家を
出るとまず，歩いて3分くらいのバス停まで行く。
バスに10分乗ると牧の原駅で電車に乗り換えて
学園前駅で降りる。駅からは学校まで歩くんだ」

3 次のリストにある7つのWebページを階層メニューで構造化したい。適切なメニューの小見出しを考え，
考えた小見出しの下にそれぞれのWebページを配置しなさい。

Webページ	階層メニュー
○ トップページ（ウェルカムページ） ○ 会社の概要 ○ 製品紹介と注文 ○ 製品の修理依頼 ○ 社長のあいさつ ○ 補修部品の注文 ○ 会社へのアクセス	

34

- 情報デザインのプロセスと問題の発見
- デザインの要件と設計・試作
- 評価と改善・運用
- 章末実習　ポスターやWebサイトの制作
- 技法1〜5

💡 実践問題

情報デザインの作業手順（教科書94ページ 図1）

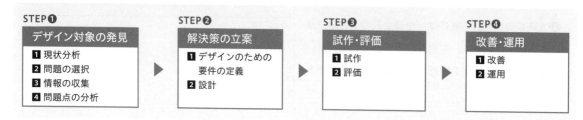

デザイン対象の発見

STEP❶ – 1　現状分析〜問題の発見のために

　自分たちの周囲にある問題・課題を，利用者の立場で考えて，できるだけ多く意見を出してみよう。

ブレーンストーミング

第2章

コミュニケーションと情報デザイン

STEP❶-2 問題(テーマ)の選択

STEP❶-1で出した問題や課題の中から，情報デザインの力を用いて解決したいものを1つ選ぼう。

解決したい問題（テーマ）

STEP❶-3／4 情報の収集・分析と解決すべき問題点の分析

問題の詳細や原因について，情報を集めよう。

情報収集の手段		
結果		

問題の分析と問題の明確化に取り組もう。

理想的な状態	
現状	

解決策の立案

STEP❷-1　デザインのための要件の定義

情報デザインの力を用いて問題を解決するため，デザインの要件を定義しよう。

目標	
対象	
使用するメディア	
デザイン上の工夫	

第2章　コミュニケーションと情報デザイン

STEP❷-② 設計（章末実習 手順1／技法1）

デザインの要件をもとに，ポスターのラフをつくってみよう。またラフのまわりに必要な素材をメモしよう。

ラフ

試作

STEP❸-① 試作（章末実習 手順2／技法1）

STEP❷-②でつくったラフを参考に，ポスターを試作してみよう。 (p.79に続く)

STEP❷-２ 設計（章末実習 手順1 ／技法２）

デザインの要件をもとに，Webページの構造と内容を考えよう。

フォルダとファイル名	構造	素材

Webページのレイアウトを考えてみよう。また，時間があれば，スマートフォンに最適化したレイアウトも考えてみよう。

レイアウト

試作

STEP❸-１ 試作（章末実習 手順2 ／技法３〜５）

STEP❷-２でつくったラフを参考に，Webページを試作してみよう。

評価

STEP❸-② 評価（章末実習 手順3）

　試作したポスター・Webページを次の観点で評価しよう。また，できればモニタ評価や専門家による評価も行ってみよう。

　1.　ユニバーサルデザイン・カラーユニバーサルデザイン

　　□　フォントの種類・大きさにより読みづらい文字はないか。

　　□　区別がつきにくい色づかいをしていないか。

　　□　対象者が読めない難しい文字を使っていないか。

　　□　障害のある人に配慮しているか。

　2.　レイアウト

　　□　構造化されているか。

　　□　写真・図表を効果的に使っているか。

　3.　コンテンツ

　　□　興味をひくキャッチコピーや写真が用いられているか。

　　□　文章はわかりにくくないか。

　　□　伝えたい内容が正しく伝わるか。

改善・運用

STEP❹-①／② 改善・運用（章末実習 手順4）

　評価に基づき，ポスター・Webページを改善して最終成果物をつくろう。

振り返り

STEP❺ 振り返り

　これまでに進めてきた実習を振り返り，わかったこと，次に生かせることをまとめよう。

問題解決と情報デザインの関わりについてわかったこと

情報デザインが効果的であった点

情報デザインの視点からもっと改善できた点

1 次の (1) ～ (4) の問いに答えなさい。

(1) 下の表にあるメディアについて，方向(一方向か双方向)，形態(1 対 1 か 1 対多)，同期性(同期的か非同期的)，おもな表現形式(文字か画像か音声か動画)の各項目に適切なものを記入しなさい。複数回答してよい。

分類	メディア	方向	形態	同期性	おもな表現形式
マスメディア	テレビ				
	新聞・雑誌				
ソーシャルメディア	ブログ				
	電子メール				
	動画共有サイト				
	SNS (Social Networking Service)				

(2) マスメディアのコミュニケーションについて，その特徴を答えなさい。

(3) ソーシャルメディアのコミュニケーションについて，その特徴を答えなさい。

(4) マスメディアとソーシャルメディアにおける送信者と受信者の関係を，それぞれ図示しなさい。

マスメディア	ソーシャルメディア

2 次の (1) ～ (3) の問いに答えなさい。

(1) 可逆圧縮と非可逆圧縮について，下の表の空欄に語群にあるア～セのうち適切な語句を選んで記入しなさい。なお，同じ記号を複数回使用してもよい。

圧縮の種類	データ形式	圧縮率	データの復元の可否	利用されるデータの種類
可逆圧縮				
非可逆圧縮				

> **語群** ア．JPEG イ．比較的高い ウ．もとのデータに復元できる エ．PNG
> オ．MPEG カ．比較的低い キ．テキスト ク．映像 ケ．プログラム
> コ．もとのデータに復元できない サ．MP3 シ．音声・音楽 ス．GIF セ．ZIP

(2) 可逆圧縮が利用される理由を答えなさい。

(3) 可逆圧縮を利用することが多いのはどのような場合か答えなさい。

3 次の (1) ～ (4) の問いに答えなさい。

(1) 次の数を，2進法，10進法，16進法などの指定された表現に変換しなさい。

❶ $73_{(10)} = ($ 　　　　　　 $)_{(2)}$ 　　　❷ $1001101_{(2)} = ($ 　　　　 $)_{(10)}$

❸ $11001011_{(2)} = ($ 　　　　 $)_{(16)}$ 　　　❹ $20124_{(10)} = ($ 　　　　 $)_{(16)}$

(2) 縦600ピクセル，横800ピクセル，24ビットフルカラーのビットマップ画像のデータ量は何MBになるか答えなさい。答えは小数第2位を四捨五入しなさい。

MB

(3) 2分間の音楽を量子化ビット数8，サンプリング周波数16kHz，モノラルで記録したとき，データ量は何MBになるか答えなさい。答えは小数第2位を四捨五入しなさい。

MB

(4) 各フレームが640×480ピクセル，24ビットフルカラー画像である30fpsの動画のデータは16GBのUSBメモリに約何分間記録できるか，途中式も含めて答えなさい。答えは小数第1位を四捨五入しなさい。

35 ■ コンピュータの基本的な構成

📖 p.118 - p.119

第3章 コンピュータとプログラミング

🔍 **確認問題**

下記の語群から適切な語句を選び，空欄に記入しなさい。なお，語句は複数回用いてもよい。

1 コンピュータの構成要素　　　　　　　　　　　　　　　　　　※❺と❻の解答は順不同。

▼コンピュータは(❶　　　　　　　　　　　)といわれる装置と，それらを動かすための命令や手順を記述した

(❷　　　　　　　　)で構成されている。

▼コンピュータの(　❶　)は，中央演算処理装置ともいわれる(❸　　　　　)，プログラムやデータを保存する(❹　　　　　　　　)，キーボード，ディスプレイなどの(❺　　　　　　　)，(❻　　　　　　　)の3つの要素で成り立っている。それぞれの装置は(❼　　　　　)と呼ばれる信号路でつながっている。

▼(　❸　)はコンピュータの中枢となるもので，各装置の制御を行う(❽　　　　　　　)と，データの演算を行う(❾　　　　　　)が組み込まれている。

2 コンピュータ内部の動作のしくみ

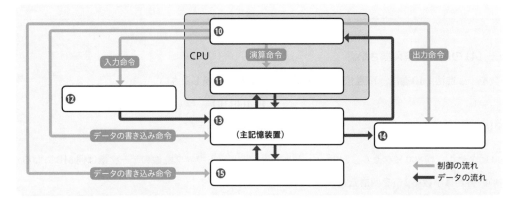

3 コンピュータと周辺機器の接続

▼コンピュータ本体とマウスやプリンタなどの(⓰　　　　　　　　　)を接続する(⓱　　　　　　　)にはさまざまな規格があり，(⓲　　　　　　　)の形状や(⓳　　　　　)の形式が異なる。

▼プリンタやマウス，キーボードなど，さまざまな周辺機器が(⓴　　　　)という汎用的なコネクタの規格に対応している。

語群	制御装置　インタフェース　信号　入力装置　バス　周辺機器　コネクタ
	出力装置　メインメモリ　ハードウェア　ソフトウェア　記憶装置　演算装置
	補助記憶装置　USB　CPU

1 周辺機器の接続について，ア，イに当てはまる無線技術の名称を答えなさい。

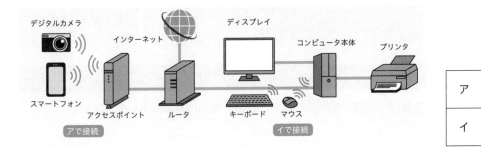

ア	
イ	

2 無線LAN(Wi-Fi)について，次の(1)〜(2)の問いに答えなさい。

(1) 無線LANの規格について，インターネットで調べ，空欄に記入しなさい。

規格名称	使用周波数帯	最大通信速度
IEEE 802.11g		
IEEE 802.11ax (Wi-Fi 6)		

(2) 無線LANの使用周波数帯について，長所と短所をインターネットで調べ，空欄に記入しなさい。

使用周波数帯	長所	短所
2.4GHz帯		
5GHz帯		

3 USBの規格について，次の(1)〜(2)の問いに答えなさい。

(1) 規格ごとの転送速度をインターネットで調べ，空欄に記入しなさい。

規格名	転送速度	規格名	転送速度
USB 1.0		USB 2.0	
USB 3.0 (USB3.1 Gen1)		USB 4 (USB 4 Gen 3x2)	

(2) USB 3.0規格に対応したコンピュータに，USB 2.0規格のUSBメモリを接続した場合，どのように動作すると考えられるか答えなさい。

■ソフトウェアとOS

🔍 確認問題

下記の語群から適切な語句を選び，空欄に記入しなさい。なお，語句は複数回用いてもよい。

1 ソフトウェアの種類

▼ソフトウェアはコンピュータを制御するための(❶　　　　　　　　　　)と，文書作成や表計算などに

代表される(❷　　　　　　　　　　　　　　　)に大別される。

▼(❶)には(❸　　　　　　　　　　　　　)や(❹　　　　　　　　　　)などがある。

(❸)はハードウェアを制御したり(❷)を動作させたりする。(❹)はプログラムを(❺　　　　)

に変換するソフトウェアの総称である。

▼コンピュータの操作は，画像やポインティングデバイスを利用して直感的に操作する(❻　　　　)や，キー

ボードを利用して画面の文字表示だけで操作する(❼　　　　)を通じて行う。

2 OSのおもな役割，機能

▼OSの役割として，コンピュータや周辺機器をはじめとした(❽　　　　　　　　　　)による違いを吸収し，

同じ(❾　　　　　　　　　　　)を提供することがあげられる。また，どのような(❽)でも同じ

(❿　　　　　　　　　　　　　　　　　　)が動作する環境を実現することも，役割

のひとつである。

▼(⓫　　　　　　　　　　　)は，(⓬　　　　　　　　)などの周辺機器を制御するためのプログラムであ

る。標準的な(⓫)は，あらかじめ(⓭　　　　　　　　　　　　　　)に組み込まれている。

▼複数の処理を並行して実行することを(⓮　　　　　　　　)という。

▼OSはCPUが行う処理の順番などを管理し，ユーザが複数のアプリケーション作業を同時に行えるようにし

ている。これを(⓯　　　　　)管理という。

▼(⓰　　　　　　)の領域には限りがあるため，OSは複数の処理が適切に行われるように(⓰)を割り当て

ている。これを(⓱　　　　　)管理という。

▼OSは(⓲　　　　　　　)といわれるしくみで階層的にデータを管理し，ファイルの保存・削除・読み

込み・書き込みなどを行う。これを(⓳　　　　　)管理という。

語群　マルチタスク　　CUI　　機械語　　ユーザインタフェース　　オペレーティングシステム(OS)

メモリ　　ファイル　　基本ソフトウェア　　タスク　　デバイスドライバ

アプリケーションソフトウェア(応用ソフトウェア)　　マウス　　GUI　　ハードウェア

言語プロセッサ　　ディレクトリ

1 次のア～カのソフトウェアを，**❶**基本ソフトウェアと**❷**アプリケーションソフトウェア（応用ソフトウェア）」にそれぞれ分類し，空欄に記入しなさい。

ア．表計算ソフトウェア　　　　イ．オペレーティングシステム（OS）　　ウ．画像処理ソフトウェア

エ．言語プロセッサ　　　　　　オ．プレゼンテーションソフトウェア　　カ．文書作成ソフトウェア

❶		❷	

2 パソコン用，スマートフォン・タブレット用OSの種類を調べ，空欄に記入しなさい。

パソコン用		スマートフォン・タブレット用	

3 OSの役割について，「ハードウェア」と「ソフトウェア」の2つのキーワードを使って説明しなさい。

4 ある操作をCUIとGUIで行う場合，それぞれのメリットとデメリットを考え，空欄に記入しなさい。

	メリット	デメリット
CUI		
GUI		

5 コンピュータに接続されたプリンタで文書を印刷しようとしたが，プリンタが機能しなかった。以下にあげる4つの観点をもとに，それぞれ対処法を考え，空欄に記入しなさい。

問題の観点	具体的な対処方法
電源	
ケーブル接続	
プリンタ本体	
ソフトウェア	

37 ■CPUとメモリ

p.122 - p.123

確認問題

下記の語群から適切な語句を選び，空欄に記入しなさい。なお，語句は複数回用いてもよい。

1 CPUの構成と動作のしくみ

※❶と❷の解答は順不同。

▼CPUは（❶　　　　　　　　　）と（❷　　　　　　　　　）で構成され，（❸　　　　　　　　　　　　）に合わせて動作する。

▼CPUは記憶装置に蓄積されたプログラムやデータなどを，まずレジスタに（❹　　　　　　　　　　　　　），その意味を（❺　　　　　　　　　　）する。それから（❻　　　　　　　　　　　）した後に，結果を（❼　　　　　　　　　）する。

2 メインメモリ

▼コンピュータで扱うプログラムやデータは，（❽　　　　　　　　　）であらわされ，記憶装置に記録される。

▼CPUから直接利用することができる作業用の記憶装置を（❾　　　　　　　　　　）という。

▼高速な処理に対応するため，0と1の状態を電荷の有無などで表現する（❿　　　　　　　　　）を数百万から数十億個集めた（⓫　　　　　　　　　）がCPUには使われている。

3 CPUのビット数とメインメモリのアドレス

▼CPUのビット数とは，CPUが一度に扱える（⓬　　　　　　　）のことである。

▼メインメモリに蓄えられるプログラムやデータは（⓭　　　　　　　　　　　　）ごとにまとめられ，それぞれに（⓮　　　　　　　　　　　）と呼ばれる番号がつけられ管理される。

4 処理の高速化の工夫

▼（⓯　　　　　　　　　　　）は（⓰　　　　　　　　　　　　）を生成するための回路である。1秒間に発する（⓰　　）の数を（⓱　　　　　　　　　）といい，（⓲　　　　　　　　　　）という単位であらわす。

▼近年は，CPUの実際の処理を担う核となる部分（コア）を複数搭載した（⓳　　　　　　　　　　　）が主流となっている。複数のコアで（⓴　　　　　　　　）を行うため，1コアあたりの（㉑　　　　　　　　　　）を抑えて消費電力を低減しつつ，全体の処理性能を高めることができる。

語群　1バイト（8ビット）　　Hz（ヘルツ）　　クロック周波数　　ビット　　演算装置

クロックジェネレータ　　メモリセル　　メインメモリ　　半導体素子　　アドレス（番地）

読み込み（フェッチ）　　実行（エグゼキュート）　　クロック信号　　出力（ストア）

マルチコアプロセッサ　　情報量　　並列処理　　制御装置　　解読（デコード）

第3章　コンピュータとプログラミング

練習問題

1 図1はあるコンピュータの基本スペックをあらわしている。次の (1) 〜 (4) の問いに答えなさい。

(1) メインメモリの容量を答えなさい。

(2) 補助記憶装置の種類と容量を答えなさい。

(3) CPUのクロック周波数を答えなさい。

(4) CPUのコア数を答えなさい。

図1

| ・第10世代 1.1GHz デュアルコア |
| ・8GB 3,733MHz　LPDDR4X メモリ |
| ・256GB SSDストレージ |

(1)		(2)		(3)		(4)	

2 CPUについて，(1) 〜 (5) の問いに答えなさい。

(1) パソコン用のCPUの種類を調べ，空欄に記入しなさい。

メーカー名・製品名	クロック周波数	コア数

(2) スマートフォン用のCPUの種類を調べ，空欄に記入しなさい。

メーカー名・製品名	クロック周波数	コア数

(3) クロック周波数が3.6GHzのとき，クロック信号は何秒間に何回繰り返されるか，答えなさい。

(4) CPUに記載されているL1キャッシュ（1次キャッシュ）やL2キャッシュ（2次キャッシュ）はキャッシュメモリのことを指している。キャッシュメモリの役割を調べ，空欄に記入しなさい。

図2

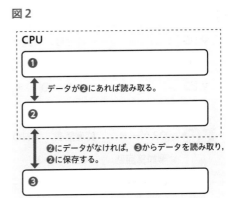

(5) CPUとメインメモリのデータのやり取りを説明した図2の空欄に当てはまる語を語群から選び，空欄に記入しなさい。

語群 メインメモリ　レジスタ　キャッシュメモリ

■CPUによる演算のしくみ

38
p.124 – p.125

確認問題

下記の語群から適切な語句を選び，空欄に記入しなさい。なお，語句は複数回用いてもよい。

1 CPUと論理回路

※❻～❽の解答は順不同。

▼CPUはいくつかの(❶)を組み合わせることで複雑な演算を行っている。

▼(❶)の基本となるのが，論理積ゲートともいわれる(❷)，論理和ゲートともいわれる(❸)，否定ゲートともいわれる(❹)の３つである。

▼この３つの(❺)を組み合わせることでさまざまな(❶)を構成することができる。

▼別の論理回路として，(❷)，(❸)，(❹)を組み合わせたはたらきを持つ(❻)，(❼)，(❽)もよく用いられる。

▼コンピュータ内部では，真を(❾)，偽を(❿)として扱う。

▼論理ゲートや論理回路について，考えられるすべての入力の組み合わせとそれに対応する出力を表にまとめたものを，(⓫)という。

▼ANDゲートやORゲート，NOTゲートを図記号であらわすと，以下のようになる。

(⓬)ゲート	(⓭)ゲート	(⓮)ゲート
A B → F	A B → F	A → F

▼(⓬)ゲートを論理式であらわすと(⓯)になる。

▼(⓭)ゲートを論理式であらわすと(⓰)になる。

▼(⓮)ゲートを論理式であらわすと(⓱)になる。

2 加算の回路

▼(⓲)とは，２進法の１桁の加算を行う(⓳)で，AとBの２つの入力に対して，和S(Sum)と桁上がりC(Carry)の２つが出力される。

▼(⓴)は(⓲)を組み合わせて桁上げまでできるようにした回路である。

語群

ORゲート	真理値表	NOT	F = A + B	AND	OR	論理回路	論理ゲート
半加算回路	NOTゲート	0	F = A・B	ANDゲート		NANDゲート	
NORゲート	1	XORゲート	F = Ā	全加算回路			

練習問題

1 ❶〜❼の回路図について，対応する真理値表の空欄を埋めなさい。

❶ A B → F

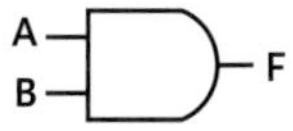

A	B	F
0	0	
0	1	
1	0	
1	1	

❷ A B → F

A	B	F
0	0	
0	1	
1	0	
1	1	

❸ A → F

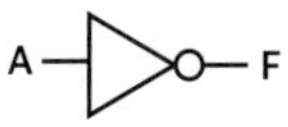

A	F
0	
1	

❹ A B → F

A	B	F
0	0	
0	1	
1	0	
1	1	

❺ A B → F

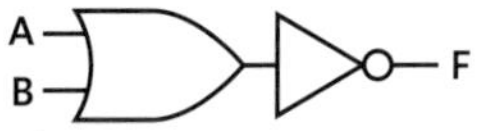

A	B	F
0	0	
0	1	
1	0	
1	1	

❻ A B A B → F

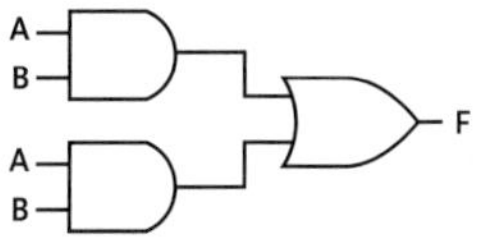

A	B	F
0	0	
0	1	
1	0	
1	1	

❼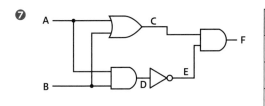

A	B	C	D	E	F
0	0				
0	1				
1	0				
1	1				

2 図1のXORゲートと真理値表を参考に，図2の真理値表に対応する回路図を書きなさい。

図1

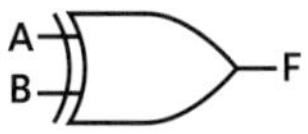

A	B	F
0	0	0
0	1	1
1	0	1
1	1	0

図2

入力		出力	
A	B	C	S
0	0	0	0
0	1	0	1
1	0	0	1
1	1	1	0

回路図

39 ■ 2進法による計算

📖 p.126 – p.127

🔍 **確認問題**

下記の語群から適切な語句を選び，空欄に記入しなさい。なお，語句は複数回用いてもよい。

1 データ(数)の扱い

▼コンピュータ内部では，情報を0と1，つまり(**❶** 　　　　　　　)で表現されたデジタルデータとして処理している。

▼(**❶**)では，加算の組み合わせは(**❷** 　　　　　)しかない。そのため，計算の際には(**❸** 　　　　　)に比べて(**❹** 　　　　　)が頻繁に起こる。

▼(**❶**)で負の数を表現するには，2の(**❺** 　　　　)を用いるのが一般的である。2の(**❺**)を用いることで，(**❻** 　　　　)を(**❼** 　　　　)で処理することができる。ただし，(**❺**)を用いる演算では，あらかじめ(**❽** 　　　　)を決めておく必要がある。

2 浮動小数点数

▼小数点の位置が決まっている(**❾** 　　　　　　　　)に対し，小数点の位置を固定せずにあらわした数を(**❿** 　　　　　　　)という。

▼一般にコンピュータでは，小数をあらわすときに(**⓫** 　　　　　)の(**❿**)が用いられる。このとき，(**⓬** 　　　　)，(**⓭** 　　　　)，(**⓮** 　　　　)の要素で構成される(**❿**)を，32ビットや64ビットといった固定長のビット列にして数値として扱う。

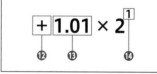

3 計算の誤差

※⓴と㉒，㉓と㉔の解答は順不同。

▼コンピュータが扱える(**⓯** 　　　　)には限りがある。(**⓰** 　　　　)を有限の(**⓯**)で行うため，小数や(**⓯**)の(**⓱** 　　　　)数を扱うとき，計算中に(**⓲** 　　　　)が発生する可能性が高くなる。

▼絶対値の大きな値と小さな値で加算や減算を行うとき，絶対値の(**⓳** 　　　　)値が結果に反映されず(**⓲**)が生じる。このことを(**⓴** 　　　　)という。

▼計算の際に生じる(**⓲**)には，ほかに(**㉑** 　　　　)や(**㉒** 　　　　)といったものがある。

▼また，計算時の処理の仕方によっては，(**㉓** 　　　　)や(**㉔** 　　　　)が生じることもある。

語群	浮動小数点数　　打ち切り誤差　　桁あふれ　　桁上がり　　小さな　　大きな　　10進法
	指数部　　減算　　補数　　情報落ち　　丸め誤差　　固定小数点数　　加算　　桁数
	仮数部　　2進法　　4種類　　桁落ち　　誤差　　符号部　　演算処理

練習問題

1 次の2進法の加算を行いなさい。また同様の計算を10進法でも行い，空欄に記入しなさい。

❶ $1010_{(2)} + 1011_{(2)}$

❷ $1010_{(2)} + 1001_{(2)}$

❸ $010111_{(2)} + 010011_{(2)}$

	結果	10進法での計算（式・結果）
❶		
❷		
❸		

2 10進法であらわされた数を，2の補数を用いて4桁の2進法であらわしなさい。

10進法であらわされた数（❶）	7	4	3	1
❶を4桁の2進法であらわした数（❷）				
❷の各桁の0と1を反転した数（❸）				
❸に1を足した数（2の補数）				

3 次の10進法の減算を2の補数を用いて4桁の2進法の加算で行うときの計算式と解を答えなさい。

❶ $10 - 7$

❷ $3 - 7$

❸ $3 - 3$

❶		❷	
❸			

4 次の❶～❹の計算を行い，結果を小数であらわしなさい。また，その数を2進法であらわしなさい。

> **考え方** 小数の変換（10進法→2進法）
>
> $0.75 \times 2 = \boxed{1}.5$
>
> $\underline{0.5} \times 2 = \boxed{1}.0$ ←小数部が0になったら終了
>
> よって$0.75_{(10)}$は$0.\boxed{11}_{(2)}$
>
> 小数の変換（2進法→10進法）
>
> $0.11_{(2)}$
> $= 0 \times 2^0 + 1 \times 2^{-1} + 1 \times 2^{-2}$
> $= 0.5 + 0.25 = 0.75_{(10)}$

❶ $1 \div 2$ **❷** $1 \div 4$

❸ $1 \div 8$ **❹** $1 \div 16$

❶		2進法	❷		2進法
❸		2進法	❹		2進法

5 次の❶～❹の2進法であらわされた小数を，**4**の計算結果を参考に10進法であらわしなさい。

❶ $10.1_{(2)}$ **❷** $1.11_{(2)}$

❸ $0.101_{(2)}$ **❹** $0.0101_{(2)}$

❶		❷		❸		❹	

40 ■アルゴリズム

🔍 確認問題

下記の語群から適切な語句を選び，空欄に記入しなさい。

1 アルゴリズム

▼コンピュータに何か処理を行わせるには，コンピュータに対して(❶　　　　　　)を指示しておく必要がある。この(❶)のことを(❷　　　　　　　　)という。

▼コンピュータに実際に(❶)を与えるときには，(❷)を(❸　　　　　　　　)で表現した(❹　　　　　　　　)を用いる。

2 アルゴリズムの効率性

▼コンピュータの処理性能が高くても，入力する(❺　　　　　　)や(❻　　　　　　)が増えれば，処理にかかる時間は(❼　　　　　　)。

▼複数回の計算が必要な問題を解決する場合，すべての計算を個別に記述する方法と，すべての計算に共通する処理をまとめて記述する方法とでは，後者のほうが処理時間は(❽　　　　　　)可能性が高まる。このように，アルゴリズムを考えるうえでは，(❾　　　　　　)にも着目して検討する必要がある。

▼素数とは，1とその数自身しか約数を持たない正の整数である。コンピュータを使ってある数が素数かどうか判定するアルゴリズムをつくるとする。調べる数を仮に41とした場合，41÷2，41÷3，41÷4と，41が2から(❿　　　　)までの数字で割り切れるかどうかを調べれば，41が素数かどうかがわかる。そのためには，全部で(⓫　　　)回割り算を行えばよい。

▼調べ方を工夫すれば，より少ない計算回数で判定できる。2で割り切れなかった場合，残りの偶数でも割り切れないため，3～(❿)までの偶数は割る数に含めなくてよい。つまり，2に加えて，3～(❿)までの間のすべての(⓬　　　)だけを調べればよいことになる。よって3～(❿)までの奇数は全部で(⓭　　　)個あり，2で割る計算を含めた合計の計算回数は(⓮　　　)回で済む。

	計算回数
41 ÷ 2	1
41 ÷ 3	2
41 ÷ 4	3
41 ÷ 5	4
41 ÷ 6	5
⋮	⋮
41 ÷ ❿	⓫

▼さらに，調べる数の平方根以下の数で割り切れるかを試す方法がある。仮に調べたい数が41である場合，その平方根である$\sqrt{41}$は，$6 < \sqrt{41} < 7$であるため，(⓯　　　　)以下の奇数と2で割り切れるかを計算すればよい。この場合，割る数は，2，3，5になり，計算回数は(⓰　　　)回で済む。

> **語群**　39　3　短くなる　奇数　プログラム　20　データ量　40　演算の回数
> アルゴリズム　効率性　6　プログラミング言語　19　処理手順　長くなる

練習問題

1 次の「キュウリを輪切りにする手順」のアルゴリズムＡとＢを比較し，効率のよいほうを選び，その理由を答えなさい。

アルゴリズムA	アルゴリズムB
❶キュウリを洗う。	❶キュウリを洗う。
❷キュウリのへたを切る（両端）。	❷キュウリのへたを切る（両端）。
❸輪切りにする（包丁を10〜20回動かす）。	❸キュウリを半分に切る。
	❹半分にしたキュウリを並べる。
	❺並べた2本をいっしょに輪切りにする（包丁を5〜10回動かす）。

効率のよいアルゴリズム

理由

2 自動販売機で飲み物を購入するアルゴリズムを言葉であらわしなさい（現金で購入する場合）。

3 約数を求めるアルゴリズムについて，(1)〜(2) の問いに答えなさい。

(1) 36の約数を求めるために，「1〜36までのすべての整数で割り切れるかを調べ，割り切れた整数を36の約数として記録する」というアルゴリズムを考えた。しかし，このままでは求める数字が大きくなるにつれて計算の効率が悪くなる。より効率のよいアルゴリズムにするにはどうすればよいか，答えなさい。

(2) 問い(1)を参考に，正の整数nの約数を求めるアルゴリズムを答えなさい。

41 ■ アルゴリズムの基本と表現方法

p.132 – p.133

確認問題

下記の語群から適切な語句を選び，空欄に記入しなさい。なお，語句は複数回用いてもよい。

1 アルゴリズムの基本構造

▼どのような複雑なプログラムでも，そのアルゴリズムは３つの構造の組み合わせで表現することができる。
順番に処理が行われる構造を（❶　　　　　　　　），条件により処理が分かれる構造を（❷　　　　　　　），
条件が成り立つ間は処理を繰り返す構造を（❸　　　　　　　）という。問題解決などの処理手順を適切なア
ルゴリズムで表現することにより，簡潔でわかりやすく，誤りのないプログラムにすることができる。

2 アルゴリズムの表現方法

※❹～❻の解答は順不同。

▼アルゴリズムを文章で書きあらわすのには限界があるため，一般的に（❹　　　　　　　　　　　），
（❺　　　　　　　　　　），（❻　　　　　　　　　）のような図を用いることが多い。

▼フローチャートは，アルゴリズムを図形や線，（❼　　　　　　）などを用いて視覚的にあらわす。原則として
各処理の流れを上から下，（❽　　　　　　　）に記述し，流れを明示する場合に矢印を用いる。

▼アクティビティ図は，（❾　　　　）の流れや（❿　　　　　　）の変化を図示する。フローチャートと異なり，
（⓫　　　　　　）して行われる（　❾　）も表現することができる。

▼アクティビティ図で使われる記号として，以下のものがあげられる。

●	◉	↓
（⓬　　　　　　）	（⓭　　　　　　）	（⓮　　　　　）
▭	◇	▬
（⓯　　　　　）	（⓰　　　　　　　）	（⓱　　　　　　　）

▼状態遷移図では，それぞれの（⓲　　　　　　）は円や四角形であらわされる。（　⓲　）の遷移は矢印で示され，
矢印にはそのときの（⓳　　　　　　　　）が記載される。

語群　状態　遷移　処理の分岐, 統合　状態遷移図　終了状態　処理　初期状態
アクティビティ図　矢印　左から右　フローチャート（流れ図）　分岐構造
処理の内容（イベント）　並列処理の開始, 終了　順次構造　反復構造　並行

1 以下の図は「自動販売機の処理の流れ」を状態遷移図であらわしたものである。❶〜❻に入る適切な語句を語群から選択し，状態遷移図を完成させなさい。

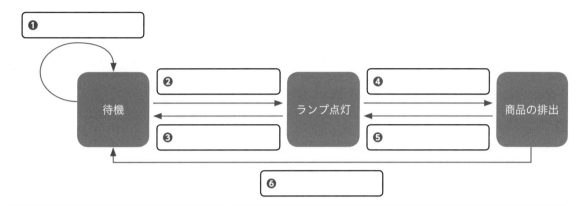

語群　ア．おつり≧飲み物の値段　　イ．おつり＜飲み物の値段　　ウ．商品ボタン押下

　　　エ．投入金額≧飲み物の値段　　オ．投入金額＜飲み物の値段　　カ．投入金返却ボタン押下

2 以下の図は「図書館の本の貸し出しの流れ」をアクティビティ図であらわしたものである。❶〜❾に入る適切な語句を語群から選択し，アクティビティ図を完成させなさい。

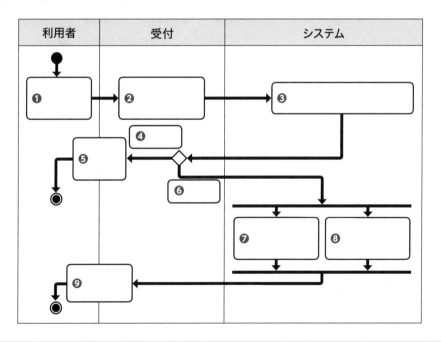

語群　ア．利用者の貸出状況を変更する　　イ．利用者の貸出状況を確認する

　　　ウ．利用者の貸出状況を表示する　　エ．本とカードを持参する

　　　オ．本とカードを渡す　　カ．本を「貸出中」に変更する

　　　キ．貸出不可を伝える　　ク．貸出冊数超過　　ケ．貸出冊数問題なし

42 ■プログラムの構成要素①

p.134 – p.135

確認問題

下記の語群から適切な語句を選び，空欄に記入しなさい。

1 プログラムとは

▼(**❶**　　　　　　　　)とは，アルゴリズムをコンピュータが処理できるように，プログラミング言語で記述したものをいう。

2 プログラムの構成要素―変数―

▼(**❷**　　　　　　)とは，名前のついた箱のようなもので，文字列や数値などの値を格納するために用いる。(　**❷**　)に値を設定することを(**❸**　　　　)という。

▼(　**❷**　)に値を(　**❸**　)する操作は，数学記号の(**❹**　　　　)を使用して表現する。

3 プログラムの構成要素―データ型―

▼扱うデータがどのような性質のもので，どのように扱うべきか定めたものを(**❺**　　　　　　)という。

▼(　**❺**　)には，整数をあらわす(**❻**　　　　　　)，小数点の位置を決めてあらわす(**❼**　　　　　　　)，小数点の位置を固定せずにあらわす(**❽**　　　　　　　　　)，文字列をあらわす(**❾**　　　　　　)，真理値の真(True)と偽(False)をあらわす(**❿**　　　　　　)などがある。

4 プログラムの構成要素―演算―

▼(**⓫**　　　　　)には，四則演算など数値を計算する(**⓬**　　　　　　　)，2つの値の大小関係や等値関係を判定する(**⓭**　　　　　　　)，複数の真理値を組み合わせたりする(**⓮**　　　　　　　)，変数に値を代入するための(**⓯**　　　　　　)などがある。

▼プログラム内で演算をあらわす「＋」や「＝」などの記号を(**⓰**　　　　　)という。

▼図1のように変数aと変数bが定められているとき，a＋bの演算結果は(**⓱**　　　　)となり，a ** bの演算結果は(**⓲**　　　　)になる。図2のように変数cと変数dが定められているとき，c＋cの演算結果は(**⓳**　　　　)となり，d＋dの演算結果は(**⓴**　　　　)になる。

図1

a = 2
b = 3

図2

c = 1
d = '1'

語群	代入　　浮動小数点型　　演算　　2　　論理演算　　代入演算　　8　　固定小数点型
	比較演算　　5　　データ型　　プログラム　　＝　　算術演算　　文字列型　　整数型
	演算子　　変数　　論理値型　　11

1 次の2つのプログラム（例1と2）を実行したとき，❶〜❽の実行結果を空欄に記入しなさい。

例1

seisu = 12

print(2)----------❶
print(seisu + 5)----❷
print(seisu / 4) ---❸
print(seisu ** 2)---❹

例2

seisu1 = '6'
seisu2 = '7'
print('seisu1')----------- ❺
print(seisu1)----------- ❻
print(seisu1 + seisu2)--- ❼
print(seisu1 == seisu2)-- ❽

❶		❷		❸	
❹		❺		❻	
❼		❽			

2 **1**で使用した次の❶〜❽の変数や演算結果を，対応するいずれか1つのデータ型と線で結びなさい（変数・演算結果とデータ型が，1対1で対応するとはかぎらない）。

❶ seisu ・　　　・整数型

❷ seisu + 5 ・　　　・浮動小数点型

❸ seisu / 4 ・　　　・文字列型

❹ seisu ** 2 ・　　　・論理値型

❺ 'seisu1' ・　　　・整数型

❻ seisu1 ・　　　・浮動小数点型

❼ seisu1 + seisu2 ・　　　・文字列型

❽ seisu1 == seisu2 ・　　　・論理値型

3 教科書160〜161ページも参考にして，次の❶〜❽の命令を順に実行するとき，そのプログラムを答えなさい。❸〜❽については実行結果も答えなさい。

❶ seisu1に25を代入する。　　　❷ seisu2に11を代入する。

❸ seisu1にseisu2を加算し，表示する。　　　❹ seisu1からseisu2を減算し，表示する。

❺ seisu1にseisu2を乗算し，表示する。　　　❻ seisu1をseisu2で実数除算し，表示する。

❼ seisu1をseisu2で整数除算した際の商を表示する。　　　❽ seisu1をseisu2で整数除算した際の余りを表示する。

❶		❷	
❸		❹	
❺		❻	
❼		❽	

4 変数aが表の値を示すとき，それぞれの演算結果をTrueかFalseで答えなさい（教科書161ページ参照）。

	10 < a	a < 20	10 < a and a < 20	10 < a or a < 20
a = 5				
a = 10				
a = 20				

43 ■ プログラムの構成要素②

p.136 ~ p.137

確認問題

下記の語群から適切な語句を選び，空欄に記入しなさい。

1 プログラムの構成要素―関数―

▼ある処理に名前をつけてひとまとまりにすることで，何度も同じプログラムを書く手間を省くことができる。この処理のまとまりを(❶　　　　　)という。

▼(　❶　)は(❷　　　　　　　)を設定し，それをもとに処理された結果の(❸　　　　　　　)を返すように定義されることが多い。

▼関数には，あらかじめプログラミング言語に定義されている(❹　　　　　　　)と，自分で定義する(❺　　　　　　　)がある。

2 プログラムの構成要素―ライブラリ／API―

▼よく利用される機能や，特定の目的のために作成されたプログラムの集まりを(❻　　　　　)という。Pythonでは，数学関連の関数が入った(❼　　　　　)や擬似乱数を生成する(❽　　　　　)などの(　❻　)が提供されている。

▼あるプログラムの機能をほかのプログラムから利用するための決まりやしくみのことを(❾　　　　　)という。とくに，Web上で通信して利用するものを(❿　　　　　)という。

3 さまざまなプログラミング言語

▼プログラミング言語は，実行のしかたによって大きく2つに分類される。(⓫　　　　　)方式では，プログラムの全部を(⓬　　　　　)に翻訳し，これをCPUが実行する。

▼(⓭　　　　　)方式では，インタプリタと呼ばれるプログラムがソースコードを順次解釈しながら実行する。

▼(⓮　　　　)はコンパイラ方式の言語で，OSやアプリケーションの開発に用いられる。パソコンだけでなく，家電やスーパコンピュータまでさまざまな機器に対応できる。

▼(⓯　　　　　)はインタプリタ方式の言語で，Webページに動的な要素を組み込むために用いられる。

▼(⓰　　　　　)はインタプリタ方式の言語で，初心者でも学びやすい。データサイエンスの分野でもよく利用されている。

語群　random　　組み込み関数　　ライブラリ　　戻り値(出力値)　　ユーザ定義関数

Web API　　インタプリタ　　コンパイラ　　math　　機械語　　C　　関数

引数(入力値)　　Python　　JavaScript　　API

第3章 コンピュータとプログラミング

1 素数判定を行うプログラム①を作成した。このプログラムについて，次の問いに答えなさい。

(1) 1行目の命令を説明しなさい。

(2) 3行目のdefがどのような命令か説明しなさい。

(3) 3行目の変数nが何をあらわしているか説明しなさい。

(4) 変数kが何をあらわしているか，16行目から19行目の命令を参考に説明しなさい。

(5) 4行目のmath.sqrtは何を行う関数か説明しなさい。

(6) 4行目のintは何を行う関数か説明しなさい。

(7) 6～9行目の処理内容を説明しなさい。

(8) 11～12行目の処理内容を説明しなさい。

(9) 変数nが51のとき，13行目の繰り返し処理は何回実行され，変数iはどう変化するか説明しなさい。

(10) 問い(9)を踏まえ，13行目から15行目の処理内容を説明しなさい。

(11) 5行目でk＝0（nは素数である）と命令している理由について説明しなさい。

プログラム①

```
1    import math
2
3    def sosu_hantei(n):
4        s = int(math.sqrt(n))
5        k = 0
6        if n == 1:
7            k = 1
8        elif n == 2:
9            k = 0
10       else:
11           if n % 2 == 0:
12               k = 1
13           for i in range(3, s+1, 2):
14               if n % i == 0:
15                   k = 1
16       if k == 0:
17           result = '素数です'
18       else:
19           result = '素数ではありません'
20       return result
```

(1)		(2)	
(3)			
(4)			
(5)			
(6)			
(7)			
(8)			
(9)			
(10)			
(11)			

44 ■データの扱い

p.138 - p.139

第3章 コンピュータとプログラミング

確認問題

下記の語群から適切な語句を選び，空欄に記入しなさい。なお，語句は複数回用いてもよい。

1 プログラムとデータ

▼プログラムは(**❶**⎵⎵⎵⎵⎵⎵)に基づいた手順で処理を行うが，そのときに処理の対象となるのが(**❷**⎵⎵⎵⎵⎵⎵)である。プログラムは(**❶**)と(**❷**)がそろってはじめて動作する。料理に例えるなら，レシピが(**❶**)，食材や道具が(**❷**)といえる。

2 データ構造

▼コンピュータ内でさまざまなデータを効率よく扱うためには，データを一定の形式で整理し，格納する必要がある。これを(**❸**⎵⎵⎵⎵⎵⎵)という。

▼よく使われる(**❸**)として(**❹**⎵⎵⎵⎵⎵)があげられる。

▼次のデータの位置を示す情報(ポインタ)を持つ(**❸**)を(**❺**⎵⎵⎵⎵⎵)という。用途は(**❹**)と同じだが，データの削除やデータの挿入を容易に行える。

▼後から入ってきたデータを先に処理する(**❸**)を(**❻**⎵⎵⎵⎵⎵⎵)という。

▼先に入ってきたデータから順に処理する(**❸**)を(**❼**⎵⎵⎵⎵⎵)という。

▼処理効率のよいプログラムをつくるためには，その(**❽**⎵⎵⎵⎵⎵⎵)が扱いやすい方法でデータを格納すること，すなわち(**❾**⎵⎵⎵⎵⎵⎵)を工夫することが大切になる。

3 配列

▼(**❿**⎵⎵⎵⎵⎵)とは，複数個のデータを順番にまとめたデータ構造である。

▼変数を箱に例えると，(**❿**)は通し番号がつけられた箱がいくつもつながったものと考えることができる。それぞれの箱は(**⓫**⎵⎵⎵⎵⎵⎵)という。

▼(**⓫**)につけられた番号を(**⓬**⎵⎵⎵⎵⎵)と呼ぶ。

▼(**⓬**)は(**⓭**⎵⎵⎵⎵⎵)からはじまることが多い。

▼Pythonで「box = [1, 2, 3, 4, 5]」と命令を記述すると，配列要素の数が(**⓮**⎵⎵⎵⎵⎵)個の配列が定義される。「print(box[1])」と命令を記述して実行すると(**⓯**⎵⎵⎵⎵⎵)が出力される。また，「print(box[4] % 2)」と命令を記述して実行すると(**⓰**⎵⎵⎵⎵⎵)が出力される。

語群 データ 2 キュー 配列 添字 1 0 リスト スタック 配列要素
データ構造 アルゴリズム 5

1 次の(1)〜(2)の問いに答えなさい。

(1) 図1のプログラムを実行したとき，結果がどのように表示されるか文章で答えなさい。なお，プログラム文中の「…」は省略を示している。

(2) 図2の配列に格納されている値を順に表示させるために，図1のプログラムを修正したい。何行目をどのように修正すればよいか答えなさい。

図1

```
1    box = [24, 15, 86, 7, …, 39]
2    for i in range(0, 10):
3        print(i)
```

図2

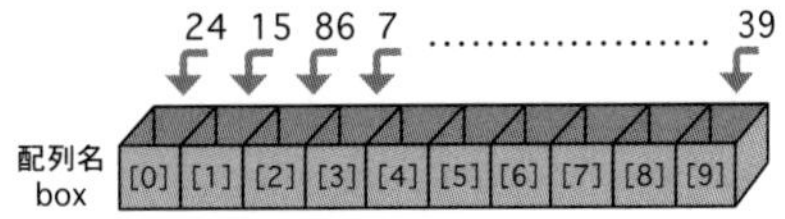

24 15 86 7 39

配列名 box [0] [1] [2] [3] [4] [5] [6] [7] [8] [9]

(1)	
(2)	

2 銀座線渋谷駅からの所要時間を求めるプログラム①を作成した。このプログラムについて，次の(1)〜(3)の問いに答えなさい。

(1) AとBで定義された配列について，以下の命令を実行したときにどのように表示されるか，それぞれ答えなさい。

❶ print(stations[1])　❷ print(syoyo_time[4])

(2) キーボードから入力された値（駅名）は，どの変数に格納されるか。変数名を答えなさい。

(3) Cの繰り返し処理の条件について，変数kと変数nが次の❶，❷の組み合わせをとるとき，Dが実行されるかどうかそれぞれ答えなさい。

❶ k=0，n=0　❷ k=0，n=19

プログラム①

```
1    stations = ['渋谷', '表参道', '外苑前', '青山一丁
     目', '赤坂見附', '溜池山王', '虎ノ門', '新橋', '銀
     座', '京橋', '日本橋', '三越前', '神田', '末広町',
     '上野広小路', '上野', '稲荷町', '田原町', '浅草']    } A
2    syoyo_time = [0, 2, 4, 5, 7, 9, 11, 13, 15, 17,
     18, 20, 22, 23, 25, 26, 28, 30, 31]             } B
3    n = 0
4    k = 0
5
6    print('[銀座線]渋谷駅からの所要時間')
7    stations_in = input('駅名を入力：')
8
9    while k == 0 and n < 19:                          } C
10       if stations_in == stations[n]:
11           k = 1                                      } D
12       n = n + 1
13
14   print(stations_in, '駅は')
15   if k == 0:
16       print('銀座線の停車駅ではありません')
17   else:
18       print('渋谷駅から', syoyo_time[n-1], '分で到
         着します')
```

(1)	❶	
	❷	
(2)		
(3)	❶	
	❷	

アプリケーションの開発①

🔍 確認&練習問題

1 例題1　グループに振り分ける方法①

　20人の生徒を3つのグループに分けるために，プログラム「グループに振り分ける方法①」を作成した。

　ここでは，プログラムを理解しやすいように，1~3まで書かれた20枚のカードを用意して（図1），生徒1人1人に無作為に割り当てる（図2）ことでグループ分けを行うと考える。

　プログラム「グループに振り分ける方法①」の記述を確認し，（1）~（8）の問いに答えなさい。

グループに振り分ける方法①

```
1   import random                                    }A
2
3   set_num = [6, 7, 7]                              }B
4   group_list_1 = []
5   group_list_2 = []                               }C
6   group_list_3 = []
7
8   i = 0                                           ]D
9   while i < 20:                                   ]E
10      n = random.randint(1, 3)                    ]F
11      if set_num[n-1] > 0:
12          if n == 1:
13              group_list_1.append(i+1)
14          elif n == 2:
15              group_list_2.append(i+1)            ]G
16          else:
17              group_list_3.append(i+1)
18          set_num[n-1] = set_num[n-1] - 1
19      i = i + 1
20
21  print('グループ1', group_list_1)
22  print('グループ2', group_list_2)               ]H
23  print('グループ3', group_list_3)
```

図1

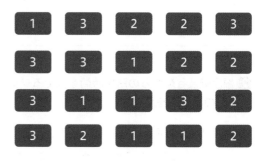

　1，2，3のいずれかが書かれたカードを，生徒の人数分＝20枚用意する。

図2

用意したカードを，生徒1人1人に無作為に配布する。

（1）プログラムについて説明した，次の文章の空欄に適切な語句を記入しなさい。

　　ライブラリを読み込むことで，ライブラリにまとめられたさまざまな（❶　　　　　　　　）を利用できる。ここでは無作為にカードを配るために（❷　　　　　　）を得るための関数を利用している。

第3章　コンピュータとプログラミング

(2) プログラム中のＡ～Ｈの中から，(1)のライブラリを利用するために必要な記述を選びなさい。

(3) プログラム中のＡ～Ｈの中から，１～３のカード番号を生成するために必要な記述を選びなさい。

(4) プログラム中のＡ～Ｈの中から，１～３が書かれた各カードの枚数を決める記述を選びなさい。

(5) 次の命令文の空欄を埋めて，プログラム３行目の配列set_numに格納されている６というデータを出力するための命令を完成させなさい。

print(set_num[　　　　])

(6) プログラムについて説明した，次の文章の空欄に適切な語句を記入しなさい。

　　生徒を識別する番号（１～20番。以下，生徒番号とする）は変数（❶　　　　）に対応しているが，（　❶　）は番号（❷　　　　）からはじまっている。そのため，プログラム中のＣで宣言された各グループの配列に生徒番号を追加するとき，（　❶　）に（❸　　　　）を加算しなければ，生徒番号と変数（　❶　）との間にずれが発生してしまう。

(7) プログラムについて説明した，次の文章の空欄に適切な語句を記入しなさい。

　　プログラム中のＦの命令で，変数nには（❶　　　　　　　）のいずれかの整数が代入される。11行目では，配列（❷　　　　　　　）を確認して，Ｂで定めたカードの枚数に空きがあるかどうかを判定し，その番号のカードを配布してよいか調べている。11行目で「n－1」と表記しているのは，配列の添字が（❸　　　　）からはじまっているためである。

(8) プログラムの20行目に以下の命令を記述した。インデントの位置を11行目に揃えるか，19行目に揃えるかで，実行結果はどう変わるか，プログラムを実行して結果を観察し，その違いを空欄にまとめなさい。

記述した命令　print(i, n, set_num, group_list_1, group_list_2, group_list_3)

2 例題1　グループに振り分ける方法②

　20人の生徒を3つのグループに分けるために，プログラム「グループに振り分ける方法②」を作成した。ここでは，プログラムを理解しやすいように次のように考える。

> 　■まず生徒を識別するための番号1～20（以下，生徒番号）が書かれた20枚のカードを用意して，出てきた順に並べる（図1）。
> ■20枚並べ終わったら，先頭から6枚，7枚，7枚と区切って3つのグループに分ける（図2）。
> ■どの番号のカードが出たかチェックするための表（member_flag）を用意し，カードが重複して出ないようにする（図3）。

　プログラム「グループに振り分ける方法②」の記述を確認し，次の(1)～(3)の問いに答えなさい。

グループに振り分ける方法②

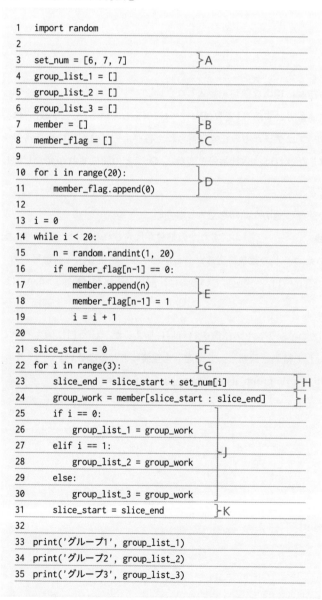

```
1   import random
2
3   set_num = [6, 7, 7]                              ┤A
4   group_list_1 = []
5   group_list_2 = []
6   group_list_3 = []
7   member = []                                      ┤B
8   member_flag = []                                 ┤C
9
10  for i in range(20):                              ┤D
11      member_flag.append(0)
12
13  i = 0
14  while i < 20:
15      n = random.randint(1, 20)
16      if member_flag[n-1] == 0:
17          member.append(n)                         ┤E
18          member_flag[n-1] = 1
19          i = i + 1
20
21  slice_start = 0                                  ┤F
22  for i in range(3):                               ┤G
23      slice_end = slice_start + set_num[i]         ┤H
24      group_work = member[slice_start : slice_end] ┤I
25      if i == 0:
26          group_list_1 = group_work
27      elif i == 1:
28          group_list_2 = group_work               ┤J
29      else:
30          group_list_3 = group_work
31      slice_start = slice_end                      ┤K
32
33  print('グループ1', group_list_1)
34  print('グループ2', group_list_2)
35  print('グループ3', group_list_3)
```

図1

1番目	2番目	3番目	4番目	5番目
19	20	3	8	5

6番目	7番目	…	…	…
14	2	9	4	17

…	…	…	…	…
1	7	6	12	11

…	…	…	19番目	20番目
15	10	13	16	18

番号が書かれた20枚のカードを出た順に並べる。

図2

group_list_1 6枚
group_list_2 7枚
group_list_3 7枚

並べ終わったカードを，先頭から6枚，7枚，7枚のグループに分ける。

図3　表「member_flag」

0	1	2	3	4	5	6	7	8	9
		✓					✓		

10	11	12	13	14	15	16	17	18	19
								✓	✓

出てきた生徒番号と表の番号は1つずれる。

(1) プログラム文中のBで宣言している配列memberと，同Cで宣言している配列member_flagは，何を格納するために用意しているか。冒頭の「考え方」の文章を参考にそれぞれ説明しなさい。

member	
member_flag	

(2) プログラム12行目にインデントなしで「print(member_flag)」と記述したとき，結果がどのように出力されるか答えなさい。

(3) プログラムについて説明した，次の文章の空欄に適切な語句を記入しなさい。複数の語句が提示されている欄については，適切なものに〇をつけなさい。 ※⑯〜⑱の解答は順不同。

▼プログラムの13行目から19行目で，生徒番号を示すカードを出てきた順に並べる操作を行っている。15行目は（❶　　　　　）を使用して（❷　　　　　　　　）のいずれかの番号を生成し，変数（❸　　　　　）に代入している。

▼プログラムの16行目の配列member_flagは，15行目のnの出現の有無を調べるための配列になる。配列要素（添字）がn−1と記述されているのは，配列member_flagの添字が（❹　　　　　）からはじまるためである。また，15行目で生成した番号nがまだ配列に格納されていない場合，member_flag[n−1]の値は（❺　　　　　）になる。

▼17行目では配列memberの（❻　先頭　・　後ろ　）に番号nを追加し，18行目では番号nを追加したことを記録するために配列member_flagの（❼　　　　　）番目の要素に（❽　　　　　）を設定している。

▼プログラム21行目から31行目では，並べたカードを先頭から順に区切ってグループ分けをしている。たとえば，tmp[2:5]（図4）は，tmpという配列に対して，区切り位置2〜5で囲まれる値（❾　　　　　　　　）を取り出す操作になる。

図4

```
tmp= [|8 ,|4 ,|3 ,|5 ,|1 ,|6 ,|9 ,|……]
       0  1  2  3  4  5  6  7
```

▼プログラム24行目のmember[slice_start : slice_end]という命令により，1回目にmember[❿　　：⓫　　]，2回目にmember[⓬　　：⓭　　]，3回目にmember[⓮　　：⓯　　]が実行される。

▼変数slice_startと変数slice_endの値は，プログラム文中のA〜Kのうち（⓰　　），（⓱　　），（⓲　　）の3つの命令により，❿〜⓯となるように組まれている。

▼最後に，プログラム文中のA〜Kのうち（⓳　　）の命令が実行されることで，プログラム文中のIで取り出した生徒が各グループに割り当てられている。

🔍 **確認＆練習問題**

1 例題2-1　グループに振り分ける方法①の改良1

　102ページで作成したプログラム「グループに振り分ける方法①」を，クラスの人数member_numを任意に指定して使えるように改良し，次の「グループに振り分ける方法①改良1」を作成した。

　同プログラムと図表を確認し，次の(1)～(5)の問いに答えなさい。

グループに振り分ける方法①改良1

```
1    import random
2
3    member_num = 25    ◀任意の数を代入する。
4    group_num = 3
5
6    group1_size = member_num // group_num
7    group2_size = group1_size + 1
8
9    group2_num = member_num % group_num
10   group1_num = group_num - group2_num
11
12   group_list_1 = []
13   group_list_2 = []
14   group_list_3 = []
15
16   set_num = []
17
18   for i in range(group_num):
19       if i < group1_num:
20           set_num.append(group1_size)
21       else:
22           set_num.append(group2_size)
23
24   i = 0
25   while i < member_num:
26       n = random.randint(1, group_num)
27       if set_num[n-1] > 0:
28           if n == 1:
29               group_list_1.append(i+1)
30           elif n == 2:
31               group_list_2.append(i+1)
32           else:
33               group_list_3.append(i+1)
34           set_num[n-1] = set_num[n-1] - 1
35           i = i + 1
36
37   print('グループ1', group_list_1)
38   print('グループ2', group_list_2)
39   print('グループ3', group_list_3)
```

図1

1枚目	2枚目	3枚目	4枚目	5枚目
1	3	2	2	3

6枚目	7枚目	8枚目	9枚目	10枚目
1	3	1	2	2

11枚目	12枚目		member_num 枚目
3	1	……………	2

カードを20枚ではなく，指定した枚数
(member_num)分だけつくる。

図2

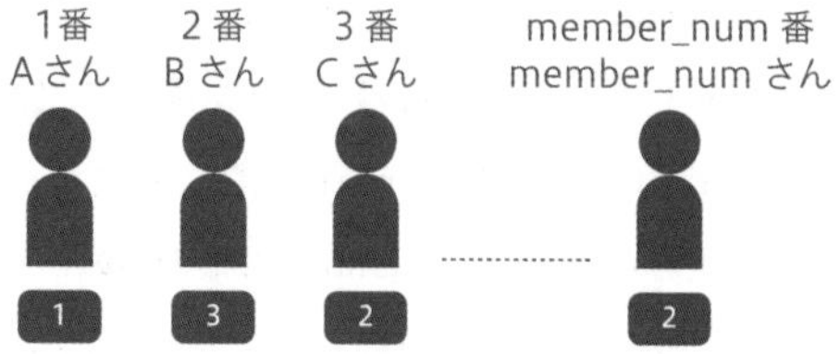

1番　　　2番　　　3番　　　　　member_num 番
Aさん　　Bさん　　Cさん　　　　member_num さん

1	3	2		2

つくったカードを，指定した人数に配る。

図3　6～10行目の説明

クラスの人数member_numを25としたとき
(グループ数group_numは3のまま)

グループ1の人数group1_sizeは
member_num // group_num = 8に，
グループ2の人数group2_sizeは
group1_size + 1 = 9となる。

グループ2の数group2_numは
member_num % group_num = 1に，
グループ1の数group1_numは
group_num － group2_num = 2となる。

第3章　コンピュータとプログラミング

表 18～22行目の説明

iの値	group1_numの値	実行内容
0 ↓ 1	2	set_num.append(group1_size)
	2	set_num.append(group1_size)
↓ 2	2	set_num.append(group2_size)

結果 set_num(group1_sizeの値, group1_sizeの値, group2_sizeの値)

(1) 「9//4」で使われている//は，割り算の商の整数部を求める演算子である。

「print(9 // 4)」の結果を答えなさい。

(2) 「9 % 4」で使われている%は，割り算の余りを求める演算子である。

「print(9 % 4)」の結果を答えなさい。

(3) プログラム1行目から10行目までを実行した場合，次の4つの変数にはどのような値が代入されるか答えなさい。

❶group1_size　　❷group2_size　　❸group1_num　　❹group2_num

❶		❷		❸		❹	

(4) プログラム16行目から22行目で，各グループに割り当てる人数を配列set_numに設定している。その処理について説明した，次の文章の空欄に適切な語句を記入しなさい。

▼18行目の変数iには，1回目は(❶　　　　)，2回目は(❷　　　　)，3回目は(❸　　　　)が割り当てられる。

▼19行目から22行目のプログラムでは，1回目の変数iの値は(　❶　)なので，(❹　　　　)行目のプログラムが実行され，set_num[❺　　　]に(❻　　　　)が代入される。

▼19行目から22行目のプログラムでは，2回目の変数iの値は(　❷　)なので，(❼　　　　)行目のプログラムが実行され，set_num[❽　　　]に(❾　　　　)が代入される。

▼19行目から22行目のプログラムでは，3回目の変数iの値は(　❸　)なので，(❿　　　　)行目のプログラムが実行され，set_num[⓫　　　]に(⓬　　　　)が代入される。

▼23行目にインデントなしで「print(set_num)」を入力したとき，結果は(⓭　　　　　　　)と出力される。

(5) クラスの人数を36人だと仮定して，プログラムを書き換え，実行しなさい。また，その実行結果を空欄に記入しなさい。

2 例題2−2　グループに振り分ける方法①の改良2

106ページで作成したプログラム「グループに振り分ける方法①改良1」をさらに改良し，任意のグループ数group_numを指定して使えるようにした。プログラム「グループに振り分ける方法①改良2」と表を確認し，次の(1)〜(3)の問いに答えなさい。

グループに振り分ける方法①改良2

```
1    import random
2
3    member_num = 25  ◀任意の数を代入する。
4    group_num = 3   ◀任意の数を代入する。
5
6    group1_size = member_num // group_num
7    group2_size = group1_size + 1
8
9    group2_num = member_num % group_num
10   group1_num = group_num - group2_num
11
12   group_list = []
13   for i in range(group_num):
14       group_list.append([])
15
16   set_num = []
17
18   for i in range(group_num):
19       if i < group1_num:
20           set_num.append(group1_size)
21       else:
22           set_num.append(group2_size)
23
24   i = 0
25   while i < member_num:
26       n = random.randint(1, group_num)
27       if set_num[n-1] > 0:
28           group_list[n-1].append(i+1)
29           set_num[n-1] = set_num[n-1] - 1
30           i = i + 1
31
32   for i in range(group_num):
33       print('グループ', (i+1), group_list[i])
```

表　24〜30行目の説明（member_num=25，group_num=3のとき）

iの値	m_nの値	nの値	27行目	28行目	29行目
0	25	1	8 > 0	[[1], [], []]	[7, 8, 9]
1	25	3	9 > 0	[[1], [], [2]]	[7, 8, 8]
2	25	2	8 > 0	[[1], [3], [2]]	[7, 7, 8]
3	25	1	7 > 0	[[1, 4], [3], [2]]	[6, 7, 8]
⋮	⋮	⋮	⋮	⋮	⋮
24	25				

※表内「m_n」は「member_num」をあらわす。
※表内「nの値」は乱数のため，プログラム実行時の値とは異なる。
※表内「28行目」の項目はgroup_listの中身を，表内「29行目」の項目はset_numの中身をあらわす。

(1) 2次元配列tmp = [[1, 2, 3],[4, 5, 6]] を設定したとき，次の❶〜❹の問いに答えなさい。

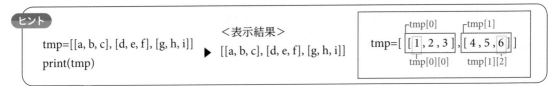

ヒント

tmp=[[a, b, c], [d, e, f], [g, h, i]]
print(tmp)

＜表示結果＞
▶ [[a, b, c], [d, e, f], [g, h, i]]

tmp[0]　　tmp[1]
tmp=[[1 , 2 , 3] , [4 , 5 , 6]]
tmp[0][0]　　tmp[1][2]

❶ 次の命令を実行したときに出力される値を上記ヒントを参考に答えなさい。

　ア．print(tmp)　　イ．print(tmp[1])　　ウ．print(tmp[1][1])　　エ．print(tmp[0][2])

❷ tmp[0].append(7)　を実行し，その後，print(tmp)を実行した場合の結果を答えなさい。

❸ 以下の文章の空欄に適切な語句を記入しなさい。

　上記❷で追加した配列要素7を出力するためには，「print(tmp[　ア　][　イ　])」と入力すればよい。

❹ 上記❷に続き，tmp.append([8, 9])を実行した。その後，print(tmp)を実行した場合の結果を答えなさい。

❶	ア	イ		ウ	エ
❷			❸ ア		イ
❹					

(2) 15行目にインデントなしで「print(group_list)」と命令を記入したとする。group_num = 4のとき，15行目
　の結果はどのように出力されるか，プログラム12行目から14行目の記述をもとに答えなさい。

(3) プログラム24行目から30行目について，次の❶〜❹の問いに答えなさい。

❶ 変数nにはどのような値が代入されるか答えなさい。

❷ 配列group_listはgroup_num = 4のとき，グループ1〜4に所属する生徒番号を管理する。グループ1に23
　番の生徒を追加する命令（ア）と，グループ4に5番の生徒を追加する命令（イ）を答えなさい。

❸ 28行目の「group_list[n − 1].append(i + 1)」について，n − 1となっている理由を説明しなさい。

❹ 28行目の「group_list[n − 1].append(i + 1)」について，i + 1となっている理由を説明しなさい。

❶		
❷	ア	イ
❸		
❹		

47 ■アプリケーションの開発③

第3章 コンピュータとプログラミング

🔍 確認＆練習問題

1 例題3　グループに振り分ける方法②の改良〜考え方1

　104ページで作成したプログラム「グループに振り分ける方法②」を改良して，グループ内の生徒の番号を昇順に並び替えて表示できるようにしたい。改良にあたっての考え方について，(1)〜(7)の問いに答えなさい。

(1) 変数aに代入されている値と変数bに代入されている値を入れ替えるために，下のプログラム①を実行した。このとき，5行目の結果はどのように出力されるか答えなさい。

プログラム①

```
1  a = 4
2  b = 7
3  a = b
4  b = a
5  print(a, b)
```

(1)	

(2) 下の図を参考に，変数tmpを利用して問い(1)のプログラムが正しく動くように修正しなさい。※解答欄は右ページ。

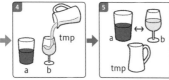

グループに振り分ける方法②（再掲）

```
1   import random
2
3   set_num = [6, 7, 7]
4   group_list_1 = []
5   group_list_2 = []
6   group_list_3 = []
7   member = []
8   member_flag = []
9
10  for i in range(20):
11      member_flag.append(0)
12
13  i = 0
14  while i < 20:
15      n = random.randint(1, 20)
16      if member_flag[n-1] == 0:
17          member.append(n)
18          member_flag[n-1] = 1
19          i = i + 1
20
21  slice_start = 0
22  for i in range(3):
23      slice_end = slice_start + set_num[i]
24      group_work = member[slice_start : slice_end]
25      if i == 0:
26          group_list_1 = group_work
27      elif i == 1:
28          group_list_2 = group_work
29      else:
30          group_list_3 = group_work
31      slice_start = slice_end
32
33  print('グループ1', group_list_1)
34  print('グループ2', group_list_2)
35  print('グループ3', group_list_3)
```

(3) 右のプログラム②でＡが実行されたとき，変数nに代入される値はいくつになるか答えなさい。

(4) プログラム②のＢが実行されたとき，繰り返し処理は何回実行されて，変数iに代入される値はどのように変化するか。(3)の結果も踏まえて答えなさい。

(5) ＢとＣの繰り返し処理によって変数iと変数jの値が変化するようすを，下の表の空欄に記入しなさい。

(6) 10行目のインデントを4行目と5行目に揃えたときの結果を答えなさい。

プログラム②（データを昇順にする方法（交換法））

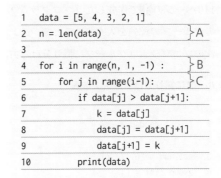

```
1    data = [5, 4, 3, 2, 1]
2    n = len(data)              }A
3
4    for i in range(n, 1, -1) :  }B
5        for j in range(i-1):    }C
6            if data[j] > data[j+1]:
7                k = data[j]
8                data[j] = data[j+1]
9                data[j+1] = k
10           print(data)
```

(2)		(3)	
		(4)	

(5)

	変数iの値	変数jの変化する様子
1回目		
2回目		
3回目		
4回目		

(6)	4行目 5行目

(7) プログラム②の1行目の配列を，data = [4, 2, 5, 3, 1] に変更したとき，4行目から9行目の並べ替えはどのように行われるか。下の空欄に記入しなさい。なお，一番左の「○回目」は5行目の繰り返しを指す。

繰り返し	1回目 (i = 5)	2回目 (i = 4)	3回目 (i = 3)	4回目 (i = 2)
初期状態 [4, 2, 5, 3, 1]	→[, , , 5]	→[, , 4, 5]	→[, , 3, 4, 5]	
1回目 [, , ,]	[, , , 5]	[, , 4, 5]	[1, 2, 3, 4, 5]	
2回目 [, , ,]	[, , , 5]	[, , 3, 4, 5]		
3回目 [, , ,]	[, , 4, 5]			
4回目 [, , , 5]	繰り返し各回の最後の状態が次の繰り返しの初期状態になる。			

111

2 例題3 グループに振り分ける方法②の改良〜考え方2

110ページの **1** で作成した「プログラム②(p.111)」をユーザ定義関数とし，このユーザ定義関数に，それぞれのグループの配列を入力することで，メンバーの番号を昇順に表示することにした。

次のプログラム「グループに振り分ける方法②改良」を確認し，(1)〜(6)の問いに答えなさい。

グループに振り分ける方法②改良

```
1    import random
2
3    set_num = [6, 7, 7]
4    group_list = []
5    member = []
6    member_flag = []
7
8    for i in range(20):
9        member_flag.append(0)
10
11   def koukan(data):
12       n = len(data)
13       for i in range(n, 1, -1):
14           for j in range(i-1):
15               if data[j] > data[j+1]:
16                   k = data[j]
17                   data[j] = data[j+1]
18                   data[j+1] = k
19       return data
20
21   i = 0
22   while i < 20:
23       n = random.randint(1, 20)
24       if member_flag[n-1] == 0:
25           member.append(n)
26           member_flag[n-1] = 1
27           i = i + 1
28
29   slice_start = 0
30   for i in range(3):
31       slice_end = slice_start + set_num[i]
32       group_work = member[slice_start : slice_end]
33       group_list.append(group_work)
34       slice_start = slice_end
35
36   for i in range(3):
37       print('グループ', (i+1), koukan(group_list[i]))
```

図1 111ページのプログラム②(再掲)

```
1    data = [5, 4, 3, 2, 1]
2    n = len(data)
3
4    for i in range(n, 1, -1):
5        for j in range(i-1):
6            if data[j] > data[j+1]:
7                k = data[j]
8                data[j] = data[j+1]
9                data[j+1] = k
10       print(data)
```

図2 110ページのグループに振り分ける方法②
(一部)

```
21   slice_start = 0
22   for i in range(3):
23       slice_end = slice_start + set_
         num[i]
24       group_work = member[slice_start :
         slice_end]
25       if i == 0:
26           group_list_1 = group_work
27       elif i == 1:
28           group_list_2 = group_work
29       else:
30           group_list_3 = group_work
31       slice_start = slice_end
```

もともとのプログラム(上)の21〜31行目は，
左の29〜34行目に改良されている。

(1) 下のプログラム①のようにユーザ定義関数fを定めたとき，プログラム①の実行結果を答えなさい。

プログラム①

```
1   def f(n):
2       return int(n * (n+1) / 2)
3
4   print(f(10))
```

(1)	
(2)	

(2) プログラム①の戻り値のデータ型は何か答えなさい。

(3) 左ページのプログラム19行目の「return data」のインデントは13行目のforと同じ位置になっている。なぜこの位置になっているのか，111ページの **1** (6)の結果も参考に説明しなさい。

(4) 図2のプログラムを参考に，左ページのプログラム33行目の命令を説明しなさい。

(5) 左ページのプログラム30行目の変数iの変化に応じて，30〜34行目の各変数の値がどのように変化するか下表の空欄に記入しなさい。なお，配列memberは以下のように仮定する。

member=[2, 10, 9, 5, 20, 15, 17, 19, 3, 8, 1, 7, 4, 6, 11, 14, 13, 12, 16, 18]

※表内「s_s」はslice_start，「s_e」はslice_endをあらわす。

i	s_s	s_e	group_work	group_list	s_s
0					
1					
2					

(6) 左ページのプログラム37行目「koukan(group_list[i])」で行っている処理について，36行目で行っている命令も踏まえて説明しなさい。

48 ■モデルとは

p.148 - p.149

🔍 確認問題

下記の語群から適切な語句を選び，空欄に記入しなさい。

1 モデルとモデル化

▼あらわしたいものの本質的な部分を強調し，それ以外の要素や条件などを省略するなどして単純化したものを（❶　　　　　　　）という。

▼また，（　❶　）をつくることを（❷　　　　　　　）という。

2 モデルの分類

▼モデルは表現のしかたの違いにより2つに大別できる。（❸　　　　　　　　　　）は実物の形に似せてつくられるモデルであり，（❹　　　　　　　　　　）はできごとや事象を図や数式であらわすモデルである。

▼表現するものの特性による分類法もある。時間の経過に従って変化する（❺　　　　　　　　　）と時間の経過を考える必要のない（❻　　　　　　　　），不確定要素や不規則な事象を含む（❼　　　　　　　　）と不確定要素のない規則的な事象の（❽　　　　　　　　），データの連続性を表現する（❾　　　　　　　　）とデータが散らばった状態を表現する（❿　　　　　　　　）などがある。このように，モデルには多くの種類があり，目的に応じて最適なモデルを選択する必要がある。

3 図的モデル

▼対象となるものを図で表現したものを（⓫　　　　　　　　　）という。図を工夫すると，ものや事柄の重なりや，つながり，位置関係，順序や動きなどをわかりやすく表現できる。

▼集合の概念を使用して情報を整理する図的モデルに（⓬　　　　　　　）がある。

▼作業間の順序関係を矢印であらわし，ある作業が遅れたときにどの作業に影響が出るかが簡単にわかる図的モデルに（⓭　　　　　　　）がある。

4 数式モデル　　　　　　　　　　　　　　　　　　　　※⓯と⓰の解答は順不同。

▼対象となる事象を数式で表現したものを（⓮　　　　　　　　）という。

▼（⓯　　　　　　　　　　）や（⓰　　　　　　　　　　　　）を利用すれば，変化の前後の関係などを数式であらわして処理ができる。

語群	モデル化	確率モデル	プログラミング	PERT図	ベン図	動的モデル
	確定モデル	静的モデル	離散モデル	図的モデル	モデル	表計算ソフトウェア
	連続モデル	論理モデル	数式モデル	物理モデル		

練習問題

1 貯金開始時の預金残高を x 円とし，毎月 1,200 円ずつ貯金した場合の残高をシミュレーションするため，図 1 のプログラムを作成した。プログラムを確認し，次の (1) ～ (5) の問いに答えなさい。

(1) 貯金開始時の預金残高はいくらか答えなさい。

(2) プログラム 4 行目の繰り返し処理で，変数 i はどのような値に変化するか答えなさい。

(3) プログラム 7 行目の命令を実行すると，どのような結果が出力されるか答えなさい。

(4) プログラム 8 ～ 9 行目の命令を実行すると，配列 zandaka の配列要素の値を縦軸に，配列要素の添字の値を横軸にして点をとり，各点を直線で結んだグラフ (図 2) が作成される。グラフ内直線の一番左下の座標 (❶)，一番右上の座標 (❷) をそれぞれ答えなさい。

❶		❷	

(5) グラフを表示するために必要なプログラムは，右下の図 3 のように書き換えることができる。図 3 として記述したプログラムと，図 1 として記述したプログラムを比較したとき，図 1 に記述したプログラムのほうが優れている点を説明しなさい。

図1

```
1   import matplotlib.pyplot as graph
2   x = 1000
3   zandaka = [x]
4   for i in range(12):
5       x = x + 1200
6       zandaka.append(x)
7   print(zandaka)
8   graph.plot(zandaka)
9   graph.show()
```

1 行目はモジュール matplotlib.pyplot を graph という名前をつけて読み込んでいる (教科書 163 ページ参照)。

図2

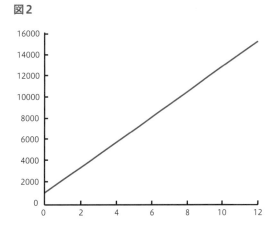

図3

```
1   import matplotlib.pyplot
        :
8   matplotlib.pyplot.plot(zandaka)
9   matplotlib.pyplot.show()
```

49 ■ モデル化とシミュレーション

第3章 コンピュータとプログラミング

🔍 確認問題

下記の語群から適切な語句を選び，空欄に記入しなさい。

1 モデル化とシミュレーション　　　　　　　　　　　　　　　　※❷と❸の解答は順不同。

▼（❶　　　　　　　　　　　）とは，現象を予測するために，モデルにいろいろな変更を加えて試して

みることを意味する。

▼（❷　　　　　　　）や（❸　　　　　　　　）の予測，飛行機の設計も，（❹　　　　　　　　　　）を

使って（　❶　）を行うことができる。

▼（　❶　）は次のような場合に適している。

・現物を使った実験では莫大な（❺　　　　　　）がかかるもの。

・（❻　　　　　　）をともなう実験・活動。

・（❼　　　　　　）上，本物のシステムを利用した実験が許されないもの。

・微小（❽　　　　　　）や極大（　❽　）を対象とした実験・活動。

・微小（❾　　　　　　）内の実験や長（　❾　）かかる実験・活動。

語群　経済動向　　危険　　費用　　世界　　気象情報　　シミュレーション　　コンピュータ

時間　　モラル

✏️ 練習問題

1 モデル化とシミュレーションの手順について，次の（1）〜（2）の問いに答えなさい。

（1）モデル化の手順を説明したア〜ウの3つの文章を，正しい手順になるように並び替えなさい。

ア．モデルを構成する要素とその関係を明らかにする。

イ．モデルを数式や図などであらわす。

ウ．モデル化の目的を明確にする。　　　　　　　　　　　　▶　　　　　　　▶

（2）シミュレーションの手順を説明したア〜ウの3つの文章を，正しい手順になるように並び替えなさい。

ア．シミュレーションの結果を用いて問題を解決する。

イ．モデルを使ってシミュレーションする。

ウ．シミュレーションの結果を実際の現象と比較し，仮説やモデルを修正する。

　　　　　　　　　　　　　　　　　　　　　　　　　　▶　　　　　　　▶

2 A町の議会議員数は人口1,000人に対して1人と決められている。2035年の議員数を考えるにあたり，そのもととなる人口を予測することになった。人口を予測するにあたって，次の(1)～(2)の問いに答えなさい。なお，A町の人口は，2016年時点で80,576人，2017年時点で81,245人だった。

(1)モデル化によって人口を予測する手順について，教科書150ページを参考に次の文章の空欄を埋めなさい。

手順1 モデル化の目的を明確にする。

A町の人口の推移から，(❶　　　　　)年のA町の人口を推定する。

手順2 モデルを構成する要素とその関係を明らかにする。

(❷　　　　)年から(❸　　　　)年の人口増加率が(❹　　　　)年まで変わらないと仮定する。

手順3 モデルを数式や図などであらわす。

(❺　　　　　　　)＝(❻　　　　　　　)×((　❷　)年から(　❸　)年の人口増加率)

(2)コンピュータを使ってシミュレーションを行うために，プログラム①を作成した。

❶ プログラム5行目の変数 x は何をあらわしているか答えなさい。

❷ プログラム6行目の変数 r は何をあらわしているか答えなさい。

❸ 繰り返し処理の中で，プログラム7行目の変数 i にはどのような値が代入されるか答えなさい。

プログラム①

```
1   import matplotlib.pyplot as graph
2
3   jinkou = []
4
5   x = 81245
6   r = 81245/80576
7   for i in range(2018, 2036):
8       x = int(x * r)
9       jinkou.append(x)
10  print(x)
11  graph.plot(range(2018, 2036),
    jinkou)
12  graph.xticks([2018, 2020, 2025,
    2030, 2035])
13  graph.show()
```

❶	
❷	
❸	

❹ 8行目のint関数は何を行っているか説明しなさい。

❺ 繰り返し処理の1回目において，プログラム8行目の左辺のxと右辺のxにはどんな値が入るのか説明しなさい。また，9行目の命令は何を行っているかも説明しなさい。

左辺の x	
右辺の x	
9行目の命令	

❻ 10行目のprint(x)では何を出力しているか答えなさい。

50 ■コンピュータを利用した シミュレーション①

p.152 - p.153

🔍 確認&練習問題

1 例題2　カップケーキとビスケットの売り上げのモデル化

文化祭でカップケーキとビスケットをつくって売ることになった。カップケーキとビスケットの1つあたりの必要な材料と販売価格は表1の通りである。文化祭当日に手に入った砂糖は2kg，小麦粉は2.5kgだった。カップケーキとビスケットをそれぞれいくつつくればよいだろう。

表1

製品	材料		価格
カップケーキ	砂糖9g	小麦粉10g	20円
ビスケット	砂糖6g	小麦粉9g	16円

(1)この問題において，モデル化の目的として考えられることは何か答えなさい。

(2)この問題において，モデルを構成する要素は何か答えなさい。複数回答してよい。

(3)カップケーキの個数をx，ビスケットの枚数をyとしたとき，次の❶～❺の問いに答えなさい。

❶ すべて売れたときの売り上げPをxとyの式であらわしなさい。

❷ 入手できた砂糖の量が2kgのとき，xとy，砂糖の量(g)の関係を不等式であらわしなさい。

❸ 入手できた小麦粉の量が2.5kgのとき，xとy，小麦粉の量(g)の関係を不等式であらわしなさい。

❹ 当日手に入った材料をすべてカップケーキに使うと，カップケーキを最大何個つくれるか答えなさい。

❺ カップケーキの個数xのとりえる値の範囲を答えなさい。

2 例題2　カップケーキとビスケットの売り上げのシミュレーション

今回のシミュレーションでは，売り上げを最大にすることを目的にする。このモデルに従って作成したプログラム①について，次の (1) ～ (5) の問いに答えなさい。

(1) プログラム8行目の命令で変数xの値はどのように変化するか説明しなさい。

(2) プログラム9行目と10行目でint関数を使用している理由を説明しなさい。

(3) プログラム8行目から20行目までの繰り返し処理について，変数xの値によってそれぞれの変数にどのような値が代入されるか，下の表(表2)の空欄に記入しなさい。

(4) 問い (3) で求めた表の値を参考に，配列uriageにはどのような値が格納されるか説明しなさい。

(5) 変数kosuu1，変数kosuu2，変数yはそれぞれ何をあらわす変数か，(3) の結果を参考に説明しなさい。

プログラム①

```
1   import matplotlib.pyplot as graph
2
3   uriage = []
4
5   saidai_x = 0
6   saidai_uriage = 0
7
8   for x in range(223):
9       kosuu1 = int((2000 - 9 * x) / 6)
10      kosuu2 = int((2500 - 10 * x) / 9)
11      if kosuu1 >= kosuu2:
12          y = kosuu2
13      else:
14          y = kosuu1
15      tmp_uriage = 20 * x + 16 * y
16      uriage.append(tmp_uriage)
17
18      if saidai_uriage < tmp_uriage:
19          saidai_uriage = tmp_uriage
20          saidai_x = x
21
22  print(saidai_x, saidai_uriage)
23  graph.plot(uriage)
24  graph.show()
```

表2

x	kosuu1	kosuu2	y	tmp_uriage	saidai_uriage	saidai_x
					0	0
0						
1						
100					4660	97
200					4760	142

■コンピュータを利用した シミュレーション②

🔍 確認&練習問題

1 例題3　スーパーマーケットの待ち行列のモデル化

スーパーマーケットにレジが1つだけあり，そこに人々が並び，買い物をするときの状況をモデル化する。

(1) 次の文章の空欄を埋めて完成させなさい。

　　あるサービスを受けるためにつくられる順番待ちの列のことを(❶　　　　　　　　　　)という。レジの場合は，いつ，どれくらいの人が来るかを正確に予測することは不可能である。こうした偶然の要素が含まれるシミュレーションには(❷　　　　　　　)が用いられる。

(2) この問題において，モデル化の目的として考えられることは何か答えなさい。

(3) この問題において，モデルを構成する要素は何か答えなさい。複数回答してよい。

(4) 客がレジに並び，レジで精算する過程を，次の要素を用いてあらわす。

　　・前の客が来てから次の客が来るまでの時間間隔(秒)　　　・精算にかかる時間(秒)

　　客1人目〜6人目がレジに並んだ時間を下の図1のようにあらわすとき，精算にかかる時間(一律30秒とする)とレジ待ち時間を，それぞれ塗りつぶして図を完成させなさい。また，客3人目〜6人目のレジ待ち時間を表1の空欄に記入しなさい。

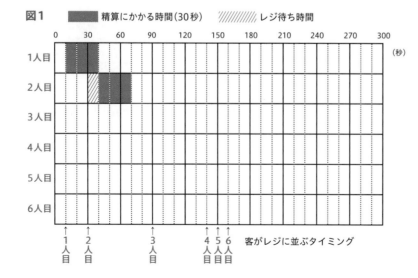

図1　　■ 精算にかかる時間(30秒)　　/// レジ待ち時間

表1

客	レジ待ち時間(秒)
1人目	0
2人目	10
3人目	
4人目	
5人目	
6人目	

2 例題3　スーパーマーケットの待ち行列のシミュレーション

　今回のシミュレーションは，来客の時間間隔が最大で100秒，レジでの精算時間が一律で30秒というモデルで考える。このモデルに従って作成したプログラム①について，次の (1)〜(5) の問いに答えなさい。

(1) 次の❶〜❷をあらわす変数名を答えなさい。

❶来客の時間間隔の最大時間

❷レジの精算時間

❶	❷

(2) プログラム12行目random.random()は何を行っている命令か説明しなさい。

（解答欄）

(3) プログラム12行目の random.random()を使用するために必要な記述は何か説明しなさい。

（解答欄）

(4) プログラム12行目でint関数を使用している理由を説明しなさい。

（解答欄）

プログラム①

```
1   import matplotlib.pyplot as graph
2   import random
3
4   kankaku = 100
5   seisan_time = 30
6   wait_time = []
7   arrived_time = 0
8   start_time = 0
9   end_time = 0
10
11  for i in range(50):
12      tmp_kankaku = int(kankaku * random.random())
13      arrived_time = arrived_time + tmp_kankaku
14      if arrived_time >= end_time:
15          start_time = arrived_time
16      else:
17          start_time = end_time
18
19      wait_time.append(start_time - arrived_time)
20      end_time = start_time + seisan_time
21  print(wait_time)
22  graph.hist(wait_time, range=(0, 60), bins=12)
23  graph.show()
```

(5) このプログラムを実行したときの変数の変化を下の表に整理してあらわしたい。乱数が表に書かれた値のとき，それぞれの変数がどのような値になるか，表の空欄に記入しなさい。

i	random.random()	tmp_kankaku	arrived_time	start_time	end_time
			0	0	0
0	0.1				
1	0.2				
2	0.6				
3	0.5				
4	0.1				
5	0.1				
ヒント	12行目	12行目	13行目	14〜17行目	20行目

52

■ 章末実習　感染モデルのシミュレーション
■ 技法1　プログラミング言語Pythonの基本①
■ 技法2　プログラミング言語Pythonの基本②

💡 実践問題～章末実習

教科書158～159ページの記述をもとに，病気の感染モデルのシミュレーションを行ってみよう。

手順1　モデルに必要な構成要素とその説明を，下の表にまとめよう。

構成要素	説明

手順2　モデルの構成要素の関係を明らかにするため，感染の流れを図であらわそう。

第3章　コンピュータとプログラミング

手順3 次の (1) ～ (4) に従って，モデルの構成要素の関係を式であらわそう。なお，変数は以下のように設定する。また，前日との関係を式にあらわすため，変数名を今日と昨日で区別する。

構成要素	変数（今日）	変数（昨日）	構成要素	変数（今日）	変数（昨日）
健康で免疫のない人	ken（今日）	ken（昨日）	回復し免疫のついた人	men（今日）	men（昨日）
潜伏期間の人	sen（今日）	sen（昨日）	全体の人数	zen	
発病した人	hatsu（今日）	hatsu（昨日）	比例定数	a	

(1) 病気は免疫がない人が多いほど，または現在潜伏期間の人が多いほど，新たに感染する人が増えると予想できる。よって，感染する(今日潜伏期間となる)人は，昨日の時点で免疫がない人の数と，昨日の時点で潜伏期間の人の数の両方の積に比例すると仮定する。次の式の空欄を埋めて完成させよう。なお，❷と❸の解答は順不同。

$$\text{sen(今日)} = (\ ❶\quad\ ) \times (\ ❷\qquad\qquad\ ) \times (\ ❸\qquad\qquad\ )$$

(2) 今日発病する人は，昨日潜伏期間の人になる。次の式の空欄を埋めよう。

$$\text{hatsu(今日)} = (\ ❹\qquad\qquad\ )$$

(3) 免疫がついた人(今日までに回復した人の合計)は，昨日の時点で免疫があった人と昨日発病した人の和になる。次の式の空欄を埋めよう。なお，❺と❻の解答は順不同。

$$\text{men(今日)} = (\ ❺\qquad\qquad\ ) + (\ ❻\qquad\qquad\ )$$

(4) 今日の時点で，健康で免疫のない人は，潜伏期間の人，発病している人，免疫のある人を全体から除いた数になる。次の式の空欄を埋めよう。なお，❽～❿の解答は順不同。

$$\text{ken(今日)} = (\ ❼\qquad\ ) - (\ ❽\qquad\qquad\ ) - (\ ❾\qquad\qquad\ ) - (\ ❿\qquad\qquad\ )$$

手順4 次の (1) ～ (10) に従って，モデルを使ってシミュレーションしてみよう(プログラミング：Python)。

(1) 手順3の構成要素の中で，配列で扱うものをすべて抜き出してみよう。

(2) 全体の人数が1,000人，初日に潜伏期間の人が2人，発病している人が0人，回復し免疫のついた人が0人，比例定数を0.002として各変数と配列を初期化する命令を考えよう。

（3）前の (2) で定義した初期値を利用して，初日に健康で免疫のない人の配列kenを初期化する命令を考えよう。

（4） 昨日をx日目としたとき，今日感染する(今日潜伏期間となる)人を求め，配列の最後尾に追記する命令を考えよう。ただし，人数は整数値となるように小数点以下を切り捨てて考えよう。

（5） 昨日をx日目としたとき，今日発病した人と今日までに回復し免疫のついた人を求め，それぞれの配列の最後尾に追記する命令を考えよう。

（6） 昨日をx日目としたとき，今日の時点で，健康で免疫のない人を求め，配列の最後尾に追記する命令を考えよう。

（7） (4)～(6)で記述した命令を繰り返し処理の中に入れて，30日後までの計算を行うことにした。以下の空欄に適切な数字を記入しよう。

```
for x in range (          ):
```

（8） シミュレーションの結果をグラフで表現するとき，グラフ機能を利用するためのライブラリを読み込む命令を考えよう(教科書163ページ❸グラフの出力の「例)折れ線グラフの描画」を参照)。

(9) 健康で免疫のない人(ken)，潜伏期間の人(sen)，発病した人(hatsu)，回復し免疫のついた人(men)をグラフで描画するための命令を考えよう。また，グラフを表示する命令も考えよう。

（10）(2)〜(9)の命令を使ってプログラミングを行い，実際にシミュレーションしてみよう。

> **参考** グラフを色分けを変えてみよう。
>
> 16進法のカラーコードを使って，グラフの色を指定することができる。
>
> ＜見本＞ graph.plot(ken, color='#ff0000')
>
> 見本を参考に
> 色分けしてみよう

手順5 次の(1)〜(2)に従って，モデルを修正し，シミュレーションしてみよう。

(1) シミュレーション0日目までに400人がワクチン接種し，免疫ができていると仮定する。このとき，手順4(2)のプログラムをどのように修正すればよいか，修正前の命令と修正後の命令を考えよう。

(2) 今回のモデルでは何人以上の人が0日目までにワクチン接種を行うと効果があらわれると考えられるか，数値を変更してグラフの変化を確認し，その結果を説明しよう。

> **ヒント** 免疫獲得者のグラフの変化に注目してみよう。

手順6 次の(1)〜(5)に従って，シミュレーションを検証してみよう。

(1) 手順4のプログラムで，(2)で指定した比例定数を0.005としたとき各構成要素は不正な値を示す。どのような点が不正か，グラフを観察して説明しよう。

配列を確認しよう。

グラフの値を読み取ることが難しい場合は，print命令を

使って配列の値を確認してみよう。

print（配列名）を記述すれば
いいんだったね。

(2) (1)の条件のままシミュレーションの期間を10日に修正し，グラフの変化を詳細に確認した。最初に不正
な値になるのはどの構成要素か答えよう。

（解答欄）

(3) 健康で免疫のない人の数が0人以下になったとき，実際の数値を登録せずに「0」と登録するようにプログ
ラムを修正したい。どのように記述すべきかインターネットでプログラムの記述方法を調べ，修正前の命令
と修正後の命令を考えよう。

修正前	
修正後	

(4) 問い(3)の修正後，プログラムを実行したところ一見正しく見えるグラフになっていたため，(1)の条件の
まま初日の潜伏期間の人数を5人に修正して実行したところ，実際には起こりえない結果になった。グラフ
を観察し，どのような問題があるか考えよう。

（解答欄）

(5) 問い(4)の結果から，問い(3)で考えた対処は適切ではなく，根本的な解決のためには問い(2)の不正に対
処する必要があることがわかった。すなわち，感染し潜伏期間の人の数(sen(今日))が，前日の健康で免疫の
ない人の数(ken(昨日))を超えないようにする必要があり，この問題を解決するためには，次のプログラムを
変える必要がある。インターネットで記述方法を調べ，修正後の命令を考えよう。

修正前	sen.append(int(a * ken[x] * sen[x]))
修正後	

1 Pythonの基本

次に示す手順に従ってPythonを実行してみよう。

手順1 Pythonの実行環境にアクセスしよう。

手順2 次の例1～2で示したプログラムを入力，実行し，どのように表示されるか結果を記入しよう。

例1

```
1   seisu = 3
2   print(2)
3   print(seisu + 5)
```

例1の結果

| |
| |
| |

例2

```
1   seisu1 = '6'
2   seisu2 = '7'
3   print('seisu1')
4   print(seisu1)
5   print('I am ' + 'Mike')
6   print(seisu1 + seisu2)
```

例2の結果

| |
| |
| |
| |
| |

手順3 seisu1に11，seisu2に25を代入して次の❶～❻の演算を行うときのプログラムを考え，実際に実行し，結果を表示させてみよう。

❶ 加算	❷ 減算	❸ 乗算
結果	結果	結果
❹ 実数徐算	❺ 整数除算の商	❻ 整数除算の余り
結果	結果	結果

手順4 次のプログラム①を入力し，実行してみよう。また，seisuに100，101，150，151を入れたときにどのような結果が表示されるか確認しよう。

プログラム①

```
1   seisu = 10
2   if seisu % 2 == 0:
3       print(seisu, 'は偶数')
4   else:
5       print(seisu, 'は奇数')
```

seisu	100	101	150	151
結果				

Try 下の説明文を読み，キーボードから入力した値が偶数か奇数かを表示するプログラムを作成してみよう。

文字列をキーボードから入力するためにはinput関数を用いる。たとえば例1の場合，キーボードから入力した値は文字列型として扱われるため，そのままでは数値として計算することができない。数値として扱いたい場合は，例2のようにint関数によって文字列型の値を整数型に変換することができる。

例1

```
1  seisu = input()
2  print(seisu * 2)
```

例2

```
1  seisu = input()
2  seisu = int(seisu)
3  print(seisu * 2)
```

2 配列（リスト）

次に示す手順に従って，Pythonを実行してみよう。

手順1 リストを使用した例1～2のプログラムを実行し，どのように表示されるか結果を記入しよう。

例1

```
1  a = [1, 2, 3, 4, 5]
2  print(a[0], a[2], a[-1])
```

例1の結果

例2

```
1  a = range(2, 7)
2  print(a[0], a[2], a[-1])
```

例2の結果

手順2 リストの要素を追加する例1～2のプログラムを実行し，どのように表示されるか結果を記入しよう。

例1

```
1  a = ['one', 'two', 'three']
2  a.append('four')
3  print(a)
```

例1の結果

例2

```
1  a = ['one', 'two', 'three']
2  a.insert(0, 'zero')
3  print(a)
```

例2の結果

手順3 リストの要素を削除する例1～2のプログラムを実行し，どのように表示されるか結果を記入しよう。

例1

```
1  a = ['one', 'two', 'three']
2  a.pop(2)
3  print(a)
```

例1の結果

例2

```
1  a = ['one', 'two', 'three']
2  a.remove('one')
3  print(a)
```

例2の結果

手順4 リストの長さを取得する例1～2のプログラムを実行し，どのように表示されるか結果を記入しよう。

例1

```
1  a = [1, 2, 3, 4, 5]
2  print(len(a))
```

例1の結果

例2

```
1  a = [3, 4, 5, 1, 2, 3, 4, 5]
2  print(len(a))
```

例2の結果

実践問題〜技法2「プログラミング言語Pythonの基本②」

1 ループの使い方

次に示す手順に従って、Pythonを実行してみよう。

手順1 次の例1〜2で示したプログラムを実行し、どのように表示されるか結果を記入しよう。

例1

```
1  a = [0, 1, 2, 3, 4]
2  while len(a) > 0:
3      print(a)
4      a.pop()
```

例1の結果

例2

```
1  n = 12345678
2  cnt = 1
3  while n // 10 > 0:
4      cnt = cnt + 1
5      n = n // 10
6  print(cnt)
```

例2の結果

2 if文の使い方

次に示す手順に従って、Pythonを実行してみよう。

手順1 次の例1〜2で示したプログラムを実行し、どのように表示されるか結果を記入しよう。

例1

```
1  test = 10
2  if test > 5:
3      print('5より大')
4  else:
5      print('5以下')
```

例1の結果

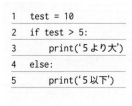

testの値をいろいろと
変えて実行してみよう

例2

```
1  n = 75
2  if n < 60:
3      print('不合格')
4  elif n <= 90:
5      print('良')
6  else:
7      print('優')
```

例2の結果

nの値をいろいろと
変えて実行してみよう

3 グラフの出力

次に示す手順に従って、Pythonを実行してみよう。

手順1 次の例1〜2で示したプログラムを実行し、どのように表示されるか結果を確認しよう。

例1

```
1  import matplotlib.pyplot as graph
2  months = ['Jan', 'Feb', 'Mar', 'Apr']
3  graph.plot(months, [170, 150, 190, 180])
4  graph.plot(months, [120, 160, 140, 160])
5  graph.show()
```

例2

```
1  import matplotlib.pyplot as graph
2  import random
3  arr = []
4  for i in range(100):
5      arr.append(random.random())
6  graph.hist(arr, rwidth=0.5)
7  graph.show()
```

1 下記の「考え方」を参考に，(1)〜(6)の2進法の浮動小数点数を10進法であらわしなさい。なお，ここでは指数部は3桁の2の補数表現としている。

考え方

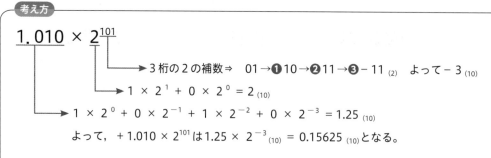

1.010×2^{101}

→ 3桁の2の補数⇒　01→**❶**10→**❷**11→**❸** − 11 $_{(2)}$　よって − 3 $_{(10)}$

→ $1 \times 2^1 + 0 \times 2^0 = 2_{(10)}$

→ $1 \times 2^0 + 0 \times 2^{-1} + 1 \times 2^{-2} + 0 \times 2^{-3} = 1.25_{(10)}$

よって，$+1.010 \times 2^{101}$ は $1.25 \times 2^{-3}_{(10)} = 0.15625_{(10)}$ となる。

指数部「101」は先頭が1なので，結果はマイナス（−）。あとは残りの01について，以下のように考える。
❶ 0と1を反転して「10」，**❷**「10」に1を足して「11」に，**❸** 11は − 11 $_{(2)}$ になる。よって − 3 $_{(10)}$

(1) $+ 1.010 \times 2^{001}$ (2) $+ 1.010 \times 2^{110}$ (3) $+ 1.010 \times 2^{011}$

(4) $+ 1.010 \times 2^{111}$ (5) $- 1.010 \times 2^{011}$ (6) $- 1.000 \times 2^{101}$

(1)		(2)		(3)	
(4)		(5)		(6)	

2 ある数の約数を求めるアルゴリズムを考え，右図のようなフローチャートとプログラムを考えた。しかし，nが大きくなると処理に時間がかかってしまう。次の (1) 〜 (2) の問いに答えなさい。

(1) どう修正すれば効率がよくなるか，**❶**と**❷**の修正内容をそれぞれ答えなさい。

❶	
❷	

(2) 問い (1) の修正を反映させたプログラムを以下に記入しなさい。その後，nに13や36などの数字を代入し，正しく動作するか確認しなさい。

フローチャート

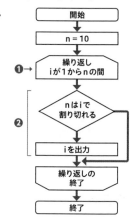

プログラム

```
1   n = 10
2   for i in range(1, n+1):
3       if n % i == 0:
4           print(i)
```

第3章 コンピュータとプログラミング

3 Aさんは，毎年はじめにa円を積立貯金している。年利率rの1年複利でn年後までの毎年末の元利合計を示すモデルをつくると仮定し，次の(1)〜(3)の問いに答えなさい。ただし税金は考えないものとする。

※1年後の元利合計が元金＋利息となり，この金額が2年目の元金となるように，前年末の元利合計が次の年の元金となる預金のしくみのことを1年複利という。利息は元金×年利率によって求められる。

(1) 次の❶〜⓬の空欄を埋めて，1，2，n年目の元利合計をあらわす式を完成させなさい。

1年後の元利合計

＝1年目の元金＋1年目の利息(1年目の元金×年利率) ＝ ❶ ＋ ❷

2年後の元利合計

＝(❸ ＋ ❹ 年後の元利合計)＋(❺ ＋ ❻ 年後の元利合計)× ❼

n年後の元利合計

＝(❽ ＋ ❾ 年後の元利合計)＋(❿ ＋ ⓫ 年後の元利合計)× ⓬

(2) 元金をあらわす配列(gankin)，利息をあらわす配列(risoku)，元利合計をあらわす配列(ganri)を作成した。配列の添字に合うように0年目からの値を格納するプログラムを作成する。(1)を参考に，下の表にあてはまる式を記入しなさい。なお，利息は小数点以下を切り捨てる。

添字	gankin	risoku	ganri
0	0	0	0
1			
2			
n			

(3) 以下の空欄を埋めて，積立貯金のシミュレーションを行うプログラムを完成させなさい。

```
1   import matplotlib.pyplot as graph
2   a = 120000
3   r = 0.03
4   gankin = [0]
5   risoku = [0]
6   ganri = [0]
7   for n in range(1, 31):
8
9
10
11  graph.plot(ganri)
12  graph.show()
```

53 ■コンピュータネットワーク

📖 p.168 - p.169

🔍 確認問題

下記の語群から適切な語句を選び，空欄に記入しなさい。複数の語句・記号が提示されている欄については，適切なものに〇をつけなさい(記号は複数選択可)。

第4章 情報通信ネットワークとデータの活用

1 情報通信ネットワークとは／コンピュータネットワークの分類

▼(❶　　　　　　　　　　　　　　)とは，コンピュータや電話，電化製品などの機器を相互に接続し，情報をやり取りする通信網である。

▼(❶)のなかでも，コンピュータどうしを接続して，互いにデータをやり取りするための通信網のことを(❷　　　　　　　　　　　　　　)という。

▼(❷)はその規模によって2つに分類される。学校や企業など比較的限られた区域内のネットワークを(❸　LAN　・　WAN　)という。通信事業者の回線を利用し，(❹　LAN　・　WAN　)どうしをより広域に接続したネットワークを(❺　LAN　・　WAN　)という。

▼(❻　　　　　　　　　　　　)とはさまざまな規模のネットワークを互いに接続し，共通のルールによって通信できるようにしたものである。(❻)に接続するためには，一般に(❼　　　　　　　　　　　　　　)と契約する必要がある。

2 コンピュータネットワークの構成要素

▼学校や企業などの(❽　LAN　・　WAN　)にはパソコン以外に，ネットワークに対応したプリンタやスキャナなどの機器を接続できる。それらの機器を(❾　　　　　　　　　　　　　)に接続することでネットワークを構成できる。(❾)どうしを接続(カスケード接続という)することで，ネットワークを拡張し，参加する機器を増やすことができる。

▼異なるネットワークを互いに接続させるときには，(❿　　　　　　　　　)を用いる。インターネットへの接続を可能にする(⓫　　　　　　　　　　　　　　　　)や，無線LANのアクセスポイントの機能を有する(⓬　　　　　　　　)も(❿)の一種である。

▼右の図のうちルータにあたるのは(⓭　ア　・　イ　・　ウ　・　エ　)である。ハブにあたるのは(⓮　ア　・　イ　・　ウ　・　エ　)である。

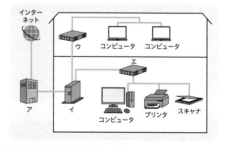

語群　インターネット　コンピュータネットワーク　ルータ　ブロードバンドルータ
プロバイダ(ISP)　Wi-Fiルータ　ハブ(集線装置)　情報通信ネットワーク

1 次の❶～❹の文章について，正しい場合には○，誤っている場合には×で答えなさい。

❶ 家庭内で構築されたコンピュータネットワークはWANに分類される。 （　　　）

❷ ハブ(集線装置)どうしを接続すると異なるネットワークに接続することができる。 （　　　）

❸ 同一LAN内に無線LANアクセスポイントを用意すると，タブレット端末やゲーム機など，有線LANに対応していない機器なども接続することができる。 （　　　）

❹ スマートフォンは通信キャリアを経由してインターネットに接続することができる。 （　　　）

2 次の文章を読み，表の空欄を埋めなさい。

　ハブ(集線装置)どうしを接続することをカスケード接続と呼び，より多くの機器をネットワークに参加させることができる。LANポートを5個持つハブ2台をカスケード接続すると，図のようにあと7台の機器(またはハブ)を接続することができる。LANポートを8個持つハブを2台，3台…とカスケード接続していくと，接続できる機器(またはハブ)の数は，下の表の通りである。ただし，図のようにハブ1の1つのLANポートは別のネットワークに接続しているものとする。

ハブの台数	接続できる機器 (またはハブ)の数
1台	7台
2台	(❶　　　)台
3台	(❷　　　)台
4台	(❸　　　)台
5台	(❹　　　)台

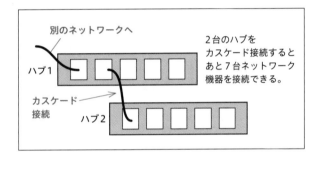

別のネットワークへ

ハブ1

カスケード接続

ハブ2

2台のハブをカスケード接続するとあと7台ネットワーク機器を接続できる。

3 家庭内でネットワークを構築するとき，ネットワークに対応していない家電製品でも，家電コントローラを利用すれば，家電コントローラを通してネットワークから制御することができる。家電コントローラを利用して操作できる家電をあげ，どのようなことが可能になるか，インターネットで調べ，空欄にまとめなさい。

■ネットワークの接続

p.170 - p.171

🔍 確認問題

下記の語群から適切な語句を選び，空欄に記入しなさい。なお，語句は複数回用いてもよい。

1 コンピュータネットワークの接続形態（有線LAN）

▼有線LANは（**❶**　　　　　　　　）を使って通信するため，（**❷**　　　　　　）を利用する無線LANに比べて安定した通信が実現できる。

▼有線LANの接続形態には次のようなものがある。

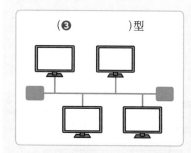

（**❸**　　　　　）型

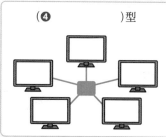

（**❹**　　　　　）型

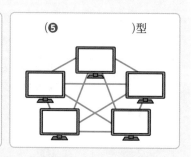

（**❺**　　　　　）型

▼現在一般的である（　**❹**　）型は，（**❻**　　　　　　　　　　　）を介して，ハードディスクやプリンタなどさまざまな機器をネットワークに接続することができる。ただし，（　**❻**　）が故障してしまうとすべての通信ができなくなってしまう。

2 コンピュータネットワークの接続形態（無線LAN）　　　　　※❾と❿の解答は順不同。

▼無線LANは（**❼**　　　　　　　　　）が不要なため，情報機器の設置が有線LANに比べて容易である。無線LANでは，ハブの役割を（**❽**　　　　　　　　　）が担う。

▼無線LANでは，一般的に（**❾**　　　　　）帯と（**❿**　　　　　　　）帯の電波を利用している。無線LANの規格はIEEE 802.11という通信規格で決められている。たとえばIEEE 802.11aは（**⓫**　　　　　　）帯の電波を利用し，最大速度（**⓬**　　　　　　）で通信ができる。

▼飲食店や交通機関などで多くの人が利用できる，無線LANを利用したインターネットへの接続サービスを（**⓭**　　　　　　　）という。

▼無線LANは（**⓮**　　　　　）を用いて通信するため，勝手に回線を使われたり，データを盗み見されたりしないように，（**⓯**　　　　　）や（**⓰**　　　　　　）化を行うなど十分なセキュリティ対策を行う必要がある。

語群	アクセスポイント　　バス　　電波　　公衆無線LAN　　5 GHz　　認証　　2.4GHz　　暗号
	メッシュ　　スター　　54Mbps　　ハブ（集線装置）　　LANケーブル

1 無線LANの規格をまとめた下の表の空欄を埋めなさい。

規格	周波数帯	最大速度
(❶)	2.4GHz	11Mbps
IEEE 802.11g	(❷)	54Mbps
(❸)	5GHz	54Mbps
(❹)	2.4GHz / 5GHz	600Mbps
(❺)	5GHz	6.93Gbps
IEEE 802.11ax	2.4GHz / 5GHz	9.6Gbps

2 次の(1)〜(3)の問いに答えなさい。

(1) 260MBの動画ファイルをインターネットからダウンロードしたところ，32秒かかった。このとき，平均通信速度は何Mbpsか求めなさい。ただし1MB＝8Mbitとする。

計算式	答え
	Mbps

(2) 260MBの動画ファイルをIEEE 802.11g規格の無線LAN環境でダウンロードした場合，(1)のときと比べてかかる時間はどうなるか。ア〜ウから選びなさい。ただしどちらも常時，最大速度でダウンロードできたとする。

ア．短くなる　　　　　　イ．変わらない　　　　　　ウ．長くなる

(3) 260MBの動画ファイルをIEEE 802.11n規格の無線LAN環境でダウンロードした場合，(2)のときと比べてかかる時間は何倍になるか。ア〜ウから選びなさい。ただしどちらも常時，最大速度でダウンロードできたとする。

ア．約11倍　　　　　　イ．約1.1倍　　　　　　ウ．約11分の1倍

3 次の❶〜❻の文章について，内容が正しいものには○，誤っているものには×で答えなさい。

❶ 有線LANはLANケーブルで通信を行うため，セキュリティ対策は必要ない。　　　　　（　　　）

❷ バス型のネットワーク接続ではプリンタを共有して使うことはできない。　　　　　（　　　）

❸ ピア・ツー・ピア型のシステムでは1台のコンピュータがサーバにもクライアントにもなりうる。　（　　　）

❹ 無線LANアクセスポイントは一般的に，複数の機器から接続できる。　　　　　（　　　）

❺ 無線LANは電波で通信を行うため一部の家電製品と通信の干渉が起こることがある。　（　　　）

❻ 公衆無線LANは，不特定多数の人の利用が考えられるので，セキュリティには注意を払う必要がある。

（　　　）

55 ■プロトコル ―― プロトコルとIP

p.172 – p.173

確認問題

下記の語群から適切な語句を選び，空欄に記入しなさい。なお，語句は複数回用いてもよい。

1 プロトコル／TCP/IPにおける通信の流れ

※❷と❸，❽と❾の解答は順不同。

▼コンピュータネットワークで通信を行う際は，送信側と受信側の間で通信手順やデータの形式を取り決めておく必要がある。この取り決めのことを（❶　　　　　　　　　　）という。

▼インターネットではおもにTCP/IPが標準的な通信規約として利用されている。TCP/IPは（❷　　　　　　）と（❸　　　　　　）を中心とした（❹　　　　　　　　　　）の総称である。

▼インターネットは（❺　　　　　　　　）モデルによって通信が行われている。通信するデータは送信時に（❻　　　　　　　　）に分割され，それぞれの階層で（❼　　　　　　　）と呼ばれる管理情報が付加される。この管理情報に基づき，受信されたデータが復元される。

▼4階層モデルは，アプリケーション層のほかに，（❽　　　　　　　　　　　　　　），インターネット層，（❾　　　　　　　　　　　　　　　　）からなる。

2 IPの役割

▼IPは，TCP/IPの4階層モデルにおける，（❿　　　　　　　　　　　　　）のプロトコルである。パケットを目的のコンピュータに届ける（⓫　　　　　　　　　　）（＝経路制御）の役割を担っている。

▼ネットワークに接続されたコンピュータやルータは，（⓬　　　　　　　　　　　　　）（＝経路制御表）という情報を保持しており，この情報をもとに，パケットが次のコンピュータやルータに転送される。

3 IPアドレス

▼目的のコンピュータを特定してデータを届けるために，（⓭　　　　　　　　　　）が使われる。これはTCP/IPネットワーク上のすべての通信機器に割り当てられる固有の番号で，これまで広く用いられてきたIPのバージョンである（⓮　　　　　）は32ビットで構成されている。

▼IPアドレスを2進法32ビットの0と1の列であらわすと人間にはわかりにくい。そのため「203.0.113.0」といったように，（⓯　　　　）ビットずつ（⓰　　　　　）つに区切り，10進法であらわされる。

▼インターネットの利用人口の増加や，情報通信機器数の増大により，（　⓮　）のアドレスはほぼ枯渇した。そのため，現在はアドレスを128ビットで構成する（⓱　　　　　　　）への移行が進められている。

語群 トランスポート層　ルーティング　プロトコル　IP　8　ヘッダ
ネットワークインタフェース層　4階層　インターネット層　IPv6　IPアドレス
ルーティングテーブル　IPv4　TCP　パケット　4

第4章　情報通信ネットワークとデータの活用

練習問題

1 TCP/IPの4階層モデルについて説明した下の表を完成させなさい。「おもな役割」はア～エから,「代表的なプロトコル」はA～Cから選び, 空欄に記入しなさい。

	おもな役割	代表的なプロトコル
アプリケーション層		
トランスポート層		
インターネット層		
ネットワークインタフェース層		

ア．宛先までデータを届ける。

イ．各アプリケーションに固有のプロトコルを用いる。

ウ．物理的な通信手段の仕様を決める。

エ．アプリケーションを識別し, 通信の信頼性を決める。

A．IP

B．HTTP

C．TCP

2 次の(1)～(2)の問いに答えなさい。

(1) 2進法であらわされた次のIPアドレスを10進法であらわしなさい。

11000000 . 10101000 . 01011100 . 00011111

	・	・	・

(2) 同一ネットワーク内に同じIPアドレスの機器があると通信ができなくなる。2進法または10進法であらわされたA～FのIPアドレスのうち, 通信ができない組み合わせはどれか。ア～エから選びなさい。

A．11000000 . 10101000. 00011111. 01011100

B．11000000. 10101000. 00101110. 00011111

C．11000000. 10101000. 01011100. 00111110

D．11000000. 10101000. 01011100. 00011110

E．192. 168. 46. 32

F．192. 168. 92. 62

ア．AとE　　　イ．BとE　　　ウ．CとF　　　エ．DとF

3 次の❶～❺の文章について, 正しい場合には○, 誤っている場合には×で答えなさい。

❶ パケット交換方式による通信では, データは複数のパケットに分割して転送される。　（　　　）

❷ パケット交換方式による通信では, データを複数のパケットに分割するため, 通信の総量を減らすことができる。　（　　　）

❸ ルータはネットワーク上のすべての機器への経路情報を持つルーティングテーブルを保持している。　（　　　）

❹ IPv6で利用できるIPアドレス数はIPv4で利用できるIPアドレス数の約4倍である。　（　　　）

❺ ルーティングの機能はインターネット層のプロトコル(IP)が担っている。　（　　　）

56 ■プロトコル —— データ転送のしくみ

p.174 – p.175

🔍 確認問題

下記の語群から適切な語句を選び，空欄に記入しなさい。複数の語句が提示されている欄については，適切なものに○をつけなさい。なお，語句は複数回用いてもよい。

1 TCPとUDPの役割

※❹と❺の解答は順不同。

▼（❶　　　　　　　　　　　）の代表的なプロトコルにTCPとUDPがある。これらは通信の用途により使い分けられている。

▼（❷　TCP　・　UDP　）はデータを確実に届けるためのプロトコルで，（❸　　　　　　　　　）の欠落などを検知し，データを再送する。（❹　　　　　　　　　　　）や（❺　　　　　　　　　）など文字情報を中心とした通信で利用される。

▼（❻　TCP　・　UDP　）は，リアルタイム性を重視する通信で利用されるプロトコルである。即時性が求められる（❼　　　　　　　　　）や動画の（❽　　　　　　　　　　　）などの通信で利用される。

2 HTTPの役割／ドメイン名とDNS

▼WebブラウザとWebサーバの間で情報をやり取りするためのプロトコルとして（❾　　　　　　　）がある。Webページのデータの置き場所である（❿　　　　　　　）をクライアントであるWebブラウザに入力し，Webサーバにリクエストを送信すると，そのリクエストに応じたWebページが表示される。

▼Webブラウザに表示される「www.example.ed.jp」のような文字列を（⓫　　　　　　　　　　　）といい，（⓬　　　　　　　　　）と対応している。両者の対応づけを管理するしくみを（⓭　　　　　　）という。

3 電子メールのプロトコル

※⓲と⓳の解答は順不同。

▼電子メールでやり取りする際は，まずメールソフトなどで送信先の（⓮　　　　　　　　　　　）を指定し，送信する。送信先メールサーバの（⓯　　　　　　　　　　　）を（⓰　　　　　　　）サーバに問い合わせて，その返答をもとに，送信先のメールサーバにメールを転送する。電子メールの送信は，アプリケーション層の（⓱　　　　　　　　　）というプロトコルで処理される。

▼メールサーバに保存されたメールを読むために，受信者は（⓲　　　　　　　）または（⓳　　　　　　　）というプロトコルを利用する。（⓴　　　　　　　）は，メールをメールサーバからダウンロードするためのプロトコル，（㉑　　　　　　　）はメールサーバにあるメールを読みにいくためのプロトコルとして利用されている。

語群　DNS　POP　URL　ストリーミング　IMAP　IPアドレス　HTTP　メールアドレス　パケット　トランスポート層　Webページの閲覧　音声通話　ドメイン名　SMTP　電子メール

第4章　情報通信ネットワークとデータの活用

練習問題

1 以下のURLを構成する要素について，❶〜❼の名称をそれぞれア〜キから選び，空欄に記入しなさい。

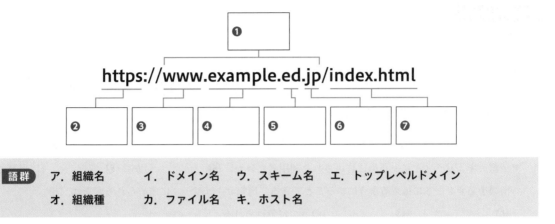

語群	ア．組織名	イ．ドメイン名	ウ．スキーム名	エ．トップレベルドメイン
	オ．組織種	カ．ファイル名	キ．ホスト名	

2 電子メールのしくみをあらわした下図について，❶〜❺の動作を説明した文章をそれぞれア〜オから選び，空欄に記入しなさい。

ア．メールサーバはDNSサーバの返答をもとにメールの届け先のメールサーバにメールを転送する。

イ．受信者は，POPまたはIMAPを用いてメールを読む。

ウ．メールを受け取ったメールサーバは，そのメールの届け先のサーバのIPアドレスをDNSサーバに問い合わせる。

エ．送信者は，メールソフトなどでメールサーバ（SMTPサーバ）にSMTPを用いてメールを送信（転送）する。

オ．メールサーバは受け取ったメールを保存する。

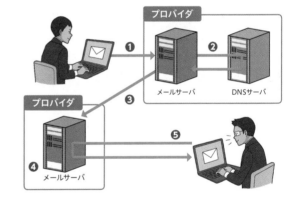

❶	❷	❸	❹	❺

3 次の❶〜❼の文章について，正しいものには○，誤っているものには×で答えなさい。

❶ 電子メールは即時性が求められるので，UDPを用いた通信が行われる。 （　　）

❷ TCPにはデータの再送機能があるため，UDPよりも信頼性が高い。 （　　）

❸ Webサーバに一度HTTPリクエストを行えば，Webページの情報をすべて受け取れる。 （　　）

❹ 「go.jp」で終わるドメイン名は，大学や研究機関の組織種をあらわしたものである。 （　　）

❺ DNSはドメイン名とIPアドレスの対応づけを管理するしくみである。 （　　）

❻ POPは電子メールをサーバ上で一元管理するためのしくみである。 （　　）

❼ 電子メールを送信するときにはSMTPが利用される。 （　　）

57 ■ 情報セキュリティの確保と対策

p.176 - p.177

確認問題

下記の語群から適切な語句を選び，空欄に記入しなさい。

1 情報セキュリティに求められる3つの要素／認証技術

※❶と❷，❸〜❺の解答は順不同。

▼情報セキュリティとは，正当に許可された利用者だけが，（❶　　　　　）かつ（❷　　　　　）に保護された情報を必要なときに扱えるようにすることである。情報セキュリティに求められる要素は，（❸　　　　　），（❹　　　　　），（❺　　　　　）の3つに分けられる。

▼情報通信ネットワークにおいて，不正アクセスを防止するためには（❻　　　　　）が欠かせない。文字列や数字などの知識情報である（❼　　　　　），指紋や虹彩などの生体情報を利用した（❽　　　　　）などが用いられる。

▼より強力な認証を行うために2つ以上の情報を組み合わせた（❾　　　　　）は，ネットショッピングなどに用いられることが多い。

2 ファイアウォール／OSやアプリケーションソフトウェアの更新

▼外部ネットワークからの不正な侵入を防ぐには，（❿　　　　　）の導入が必要不可欠になる。（　❿　）の重要な機能のひとつに，（⓫　　　　　）があり，この機能は不正に侵入しようとするパケットを検出し，遮断する。

▼システムに生じるセキュリティ上の欠陥を（⓬　　　　　）という。放置すると，不正アクセスや（⓭　　　　　）の侵入を許す危険性があるため，（⓮　　　　　）やアプリケーションソフトウェアはつねに最新の状態に更新しておく必要がある。

3 ウイルス対策ソフトウェア

▼（⓯　　　　　）は，情報機器の利用者に被害を与えようという悪意を持って作成された不正ソフトウェアの総称である。なかには，（⓰　　　　　）やネットワークを介して次々にほかのコンピュータに（⓱　　　　　）していく性質を持つものがある。

▼（　⓯　）を検知・駆除・隔離するためには（⓲　　　　　）を導入する。新しい（　⓯　）に対応するため，（⓳　　　　　）をつねに最新のものに更新しておく必要がある。

語群　認証技術　　伝染　　多要素認証　　マルウェア　　パケットフィルタリング　　ファイアウォール
コンピュータウイルス　　記録メディア　　パスワード　　完全性　　可用性　　完全
パターンファイル　　OS　　生体認証　　セキュリティホール　　機密性　　正確
ウイルス対策ソフトウェア

第4章 情報通信ネットワークとデータの活用

1 情報セキュリティに求められる3つの要素(機密性，完全性，可用性)について，次の(1)〜(2)の問いに答えなさい。

(1) 次の文は3要素のうち，どの要素を高める行為か答えなさい。

❶ 電源やシステムを二重化し，災害や停電などに備える。

❷ 情報入力時の誤りを訂正するしくみや，改ざんを検出するしくみを導入する。

❸ 社員のUSBメモリの使用を禁止し，データの持ち出しができないようにする。

❶		❷		❸	

(2) 次の文は3要素のうち，どの要素が損なわれる行為か答えなさい。

❶ クラッカーによるサイバー攻撃を受け，保有していた個人情報が流出する。

❷ クラッカーによるサイバー攻撃を受け，Webページが改ざんされる。

❸ DDoS攻撃※を受け，システムがダウンする。

※DDoS攻撃とは，複数のコンピュータから大量のデータを送りつけるサイバー攻撃の手法のこと。

❶		❷		❸	

2 情報セキュリティについて説明した次の❶〜❹の文章について，正しいものには○，誤っているものには×で答えなさい。

❶ 忘れないようにするため，すべてのサービスに同じパスワードを設定するとよい。　　　　　　　　（　　　）

❷ パスワードは付せんに書いてモニタなど目立つ場所にはりつけておくとよい。　　　　　　　　　　（　　　）

❸ サービスによっては，既定の回数以上パスワードの入力ミスをすると，ログインできなくなる。　　（　　　）

❹ 同じ文字数のパスワードでも，アルファベットの大文字・小文字を交ぜて作成したパスワードは，小文字だけで作成したパスワードの2倍の組み合わせがある。　　　　　　　　　　　　　　　　　　　　　　（　　　）

3 次の❶〜❻の文章について，正しいものには○，誤っているものには×で答えなさい。

❶ パケットフィルタリングではパケットにつけられたTCPヘッダやIPヘッダの情報を検査して，パケットを通過させるかどうかを判断している。　　　　　　　　　　　　　　　　　　　　　　　　　　　　　（　　　）

❷ ユーザIDとパスワードを使ってログインしたあと，スマートフォンに送られてくる文字列を使って認証する方法は，知識情報と生体情報の2つを利用した二要素認証である。　　　　　　　　　　　　　　　　　　（　　　）

❸ セキュリティホール対策のために導入したソフトウェアでも不具合を起こすことがある。　　　　（　　　）

❹ ウイルス対策ソフトウェアのパターンファイルを最新にしておけば，すべてのマルウェアに対応することができる。　　（　　　）

❺ ネットワークにつなげていなければウイルス対策ソフトウェアの導入は必要ない。　　　　　　　（　　　）

❻ 情報セキュリティを高めるためには，できるだけ多くの種類のウイルス対策ソフトウェアを導入したほうがよい。　　（　　　）

58 ■ 暗号化のしくみ
■ 暗号化と認証技術

確認問題

下記の語群から適切な語句を選び，空欄に記入しなさい。複数の語句が提示されている欄については，適切なものに〇をつけなさい。

1 情報の暗号化／共通鍵暗号方式／公開鍵暗号方式

▼通信回線を利用して個人情報などを安全に送受信するためには，情報を（❶　　　　　　）して保護することが望ましい。（　❶　）とは，鍵というしくみを利用し，第三者が（❷　　　　　　）できないデータに変換することをいう。

▼鍵を利用した代表的な暗号方式に，暗号化と復号で同じ鍵を使う（❸　　　　　　）暗号方式と，暗号化と復号で異なる鍵を使う（❹　　　　　　）暗号方式がある。

▼（　❸　）暗号方式では，暗号化と復号に同じ鍵，つまり（❺　　　　　　）を使う。処理は速いが，送る相手ごとに（❻　　　　　）が必要で，多数の（　❻　）を管理する手間や，相手に（　❻　）をどうやって安全に渡すかという問題がある。

▼（　❹　）暗号方式では，暗号化と復号に異なる鍵を使う。処理は遅いが，鍵の管理の手間を軽減できるため，ネットワーク上の（❼　多数　・　少数　）の人とのやり取りに向いている。

2 RSA暗号による電子署名／無線LANのセキュリティ技術／SSL/TLS　　　　　※⓰と⓱の解答は順不同。

▼デジタル文書を本人が作成したことを証明するものとして，電子署名がある。（❽　　　　　　　　）とも呼ばれる。たとえばRSA暗号による電子署名では，文書の作成者本人が（❾　　　　　　　）に（❿　秘密鍵　・　公開鍵　）を登録し，電子署名つきの（⓫　　　　　　　）を発行してもらう。

▼電子署名は，送信する文書から算出された（⓬　　　　　　　　）を送信者の（⓭　秘密鍵　・　公開鍵　）によって暗号化したものである。文書の受信者は，（　⓫　）の中の（⓮　秘密鍵　・　公開鍵　）で復号し，正しく閲覧できれば，認証を受けた人物の署名であると確認できる。

▼無線LANのセキュリティを高めるための技術に，認証や暗号化がある。認証を行うには，アクセスポイントで（⓯　　　　　　　）を設定する。暗号化には（⓰　　　　　　）や（⓱　　　　　　）などの規格があり，それぞれ暗号化方式や暗号化の（⓲　　　　　）に違いがある。

▼Webブラウザで SSL/TLS によって通信が行われている場合，URLが（⓳　http://　・　https://　）ではじまり，錠前のマークが表示される。SSL/TLS は電子メールでも，SMTP over SSL/TLS（⓴　　　　　　　），POP over SSL/TLS（㉑　　　　　　　），IMAP over SSL/TLS（㉒　　　　　　　）などの形で利用されている。

語群　WPA3　SMTPS　共通鍵　秘密鍵　認証局（CA）　WEP　鍵　暗号化キー　解読
電子証明書　IMAPS　POPS　強度　暗号化　ハッシュ値　デジタル署名　公開鍵

練習問題

1 公開鍵暗号方式における通信の流れを，ア〜オの文章を正しい順番に並べて示しなさい。

　ア．ネットワーク上は暗号文の状態で送られる。

　イ．受信者は自分の秘密鍵を用いて復号し，平文を得る。

　ウ．送信者は受信者の公開鍵を用いて平文を暗号化する。

　エ．受信者が公開鍵と秘密鍵をペアで作成する。

　オ．送信者は受信者より公開鍵を得る。

＜公開鍵暗号方式の流れ＞

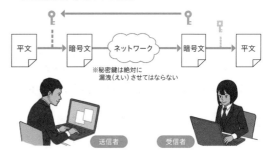

2 次の❶〜❹の文章について，正しいものには○，誤っているものには×で答えなさい。

❶ 共通鍵暗号方式は，暗号化と復号に公開鍵と共通鍵を利用する。 （　　　）

❷ 共通鍵暗号方式では，相手に安全に鍵を渡すための工夫が必要になる。 （　　　）

❸ 公開鍵暗号方式では，送信者の公開している公開鍵で暗号化を行う必要がある。 （　　　）

❹ 公開鍵暗号方式では，秘密鍵を持っているのは受信者だけである。 （　　　）

3 あなたが普段利用している無線LANについて答えなさい。必要に応じてインターネットで調べてもよい。

(1) どの暗号化規格，暗号化方式が使用されているか調べて答えなさい。

暗号化規格		暗号化方式	

(2) 暗号化規格および暗号化方式がWEPだった場合，どのように対処すべきか答えなさい。

4 Webブラウザを利用した通信を行う際に，通信が暗号化され，サーバとの通信内容を盗み見されていないことはどのようにすれば確認できるか。確認方法を2つ以上答えなさい。

59
📖 p.184 – p.189

- 情報システム
- 情報システムにおけるデータベース
- データベース管理システムとデータモデル

🔍 **確認問題**

右ページの語群から適切な語句を選び，空欄に記入しなさい。

1 情報システムとは／さまざまな情報システム　　　　　　　　　　　　　　　　※❼と❽の解答は順不同。

▼カーナビゲーションシステムでは，(❶　　　　　　　　)から得られる自動車の位置情報をもとに最適なルートを案内する。また，高速道路の料金所で料金収受を自動で行う(❷　　　　　　　)や，歩行者や障害物を検知し，自動ブレーキをかける安全運転支援システムなど，道路交通における事故や渋滞などの課題を解決するためのシステムを総称して(❸　　　　　　　　　　　　)という。

▼日本にはさまざまな防災のための情報システムがある。気象庁は震度計などを使って多くの観測データを解析し，大きな揺れが来る前に(❹　　　　　　　　　　)を発報する。また，国土交通省は，災害情報を収集して地図上に表示する(❺　　　　　　　　)を提供している。

▼インターネットを通じて商品やサービスの売買をすることを(❻　　　　　　　　　　)といい，ネットショッピングのほかに，(❼　　　　　　　　　　　　)や(❽　　　　　　　　　　　　　　　)などがある。また，現金の代わりにクレジットカードや(❾　　　　　　　　)を使った決済，2次元コードを用いた(❿　　　　　　　)などのキャッシュレス決済が広がっている。

2 情報システムとデータベース／情報システムにおけるデータの流れ／データの分析と活用

▼多くの情報システムは，ネットワークと(⓫　　　　　　　　　　)の技術によって支えられている。たとえば，コンビニエンスストアなどで活用される(⓬　　　　　　)システムには，どの時間帯に，どのような人が，どのような商品を買ったかという情報が蓄積されている。店舗はそれらの情報から商品の発注タイミングをはかったり，陳列場所を決めたりできる。

▼(　⓫　)に蓄積されたデータは，さまざまな条件で取り出せる。取り出した情報を分析し，別のデータと関連づけると，新たな情報をつくり出すことができる。たとえば，コンビニエンスストアでは，ポイントサービスなどに記録された性別，年齢などの(⓭　　　　　　　)データと，どの時間帯にどの商品を買ったかといった(⓮　　　　　　)データを関連づけて，販売促進や新商品の開発に生かしている。

3 データベース管理システムとは／データモデル／さまざまなデータベース管理システム

▼データベースの作成，運用，管理を行うシステムを(⓯　　　　　　　　　　　　　)(DBMS)という。データベースは，データの相互の関係性を図や表にあらわした(⓰　　　　　　　　　)に基づいて作成される。データを表形式で表現し，複数の表を関連づける(⓱　　　　　　　　　　　　)(RDB)が広く利用されている。

▼データの相互の関係性を定型的にあらわせるデータを(⓲　　　　　　　　　)といい，構造化できないデー

第4章 情報通信ネットワークとデータの活用

タを(⑲　　　　　　　　　　　　)という。(　⑲　)の管理システムとして(⑳　　　　　　　　　)がある。(　⑳　)
では識別のための「キー」と保存したい値「バリュー」の組み合わせでデータを格納することがある。

語群　GPS　　データベース管理システム　　ETC　　オンライントレード(証券取引)　　コード決済
購買　　NoSQL　　非構造化データ　　DiMAPS　　リレーショナルデータベース　　POS
インターネットバンキング　　構造化データ　　高度道路交通システム(ITS)　　データベース
電子商取引　　電子マネー　　緊急地震速報　　登録者　　データモデル

練習問題

1 次の❶〜❸の文章について，正しいものには○，誤っているものには×で答えなさい。

❶ 電子マネーはクレジットカードの契約が必要なので未成年は利用できない。　　　　　　（　　　）

❷ 2次元コードによる支払いは，決済サービスごとに専用のアプリケーションが必要になる。　（　　　）

❸ どの電子マネーも，紛失したときには入金額がすべて補償される。　　　　　　　　　　（　　　）

2 コンビニエンスストアがPOSシステムを活用することによって，店舗側，利用者側はそれぞれどのようなメリットを受けているか。考えられることを複数答えなさい。

店舗側	利用者側

3 NoSQLのデータモデルに関する次の❶〜❺の文章について，正しいものには○，誤っているものには×で答えなさい。❸，❹については，下のデータモデル例を参照して答えること。

```
{
    "productId": 1,
    "productName": "S6-30",
    "vender":"MB",
    "price": 1290,
    "dimensions":[5255, 1900]
},
```
/続く

```
{
    "productId": 2,
    "productName": "X8",
    "vender":"AuW",
    "dimensions":[5255, 2000]
},
```
/続く

```
{
    "productId": 3,
    "productName": "812F",
    "countrycode": "ITA",
    "price": 2820,
    "color":"red",
    "dimensions":[4657, 1971]
}
```

❶ NoSQLのデータベースでは，データベースへの問い合せにSQLは使用されない。　　　（　　　）

❷ NoSQLではデータの形式が一意ではない複数の形式のデータを扱うことができる。　　（　　　）

❸ 1つ目と2つ目の項目ではdimensionsキーに対応する値(バリュー)は同じである。　　（　　　）

❹ 3つ目の項目はvenderキーやそれに対応する値(バリュー)を持っていない。　　　　（　　　）

❺ NoSQLは，リレーショナルデータベース管理システムに比べて拡張性や柔軟性が低い。　（　　　）

60 ■ データの収集と整理
■ 数値データの分析
■ テキストデータの分析

p.192 - p.197

確認問題

下記の語群から適切な語句を選び，空欄に記入しなさい。複数の語句が提示されている欄については，適切なものに〇をつけなさい。

1 データの活用／データ分析の流れ／データの収集／データの整理

▼情報システムでは多くのデータがやり取りされ，それらがデータベースに集約される。現代では，コンピュータや統計学などの専門的な知識を使って，大量かつ多様で，発生頻度の高いデータである（❶　　　　　　）を分析する（❷　　　　　　　　　　）が注目されている。

▼収集したデータは，そのまま分析に利用できるとは限らない。欠けている値である（❸　　　　　　）や，ほかの値から大きく外れた値である（❹　　　　　　）はないか，確認する必要がある。

2 数値データ／時系列で分析する／度数分布で分析する／割合で分析する／2つのデータの関係性を分析する／テキストデータ／テキストマイニングによる分析／自由記述の分類と集計

▼データ分析で扱うデータには，身長や点数など数値として意味のある（❺　　　　　　　　）と，性別や名前などデータをカテゴリで示した（❻　　　　　　　　）がある。

▼一定時間ごとに変化するデータである（❼　　　　　　）のようすを見るときは，（❽　　　　　　　　）を用いるとよい。2つ以上のデータを1つのグラフにあわせば，変化の違いを比較できる。

▼データの特徴を把握するために，データがどのように分布しているかを見るときは，（❾　　　　　　　　）や（❿　　　　　　　　）を用いるとよい。（　❿　）では最大値や最小値，データを（⓫　3　・　4　・　5　）等分したときの区切りの値を視覚的に表現することができる。

▼データの割合を見るときには，（⓬　　　　　　　　）や（⓭　　　　　　　　）を用いるとよい。（　⓬　）は全体を100%として，構成する四角形の長さで各要素の比率をあらわす。

▼2つのデータの関係性を分析したいときは，それぞれの変数を縦軸と横軸にとり，各データを点として打ったグラフである（⓮　　　　　　　）を使うとよい。このグラフでは，変数の関係の強さである（⓯　　　　　）を見ることができる。一方が増加するにしたがってもう一方も増加する関係を（⓰　正　・　負　）の相関という。逆に，一方が増加してもう一方が減少する関係を（⓱　正　・　負　）の相関という。

▼テキストデータは数値データのように単純に計算することができないが，（⓲　　　　　　　　　　）の技術の発達により，大量のテキストから特徴を抽出するなどの処理が可能になった。

語群　帯グラフ　　散布図　　相関　　ヒストグラム　　時系列　　質的データ　　データサイエンス

折れ線グラフ　　外れ値　　欠損値　　ビッグデータ　　箱ひげ図　　量的データ

テキストマイニング　　円グラフ

練習問題

1 下の表は1978年度から2018年度までの発電電力量の推移をあらわしたものである。この表のデータをもとに，右のア，イ，2つのグラフを作成した。次の❶〜❹について，それぞれどちらのグラフから読み取ることができるか答えなさい。

表1 発電電力量の推移（億kWh）

年度	1978	1988	1998	2008	2018
水力	637	795	820	707	810
石炭	174	632	1,348	2,499	3,324
LNG	496	1,398	2,221	2,803	4,029
石油等	2,731	1,776	1,111	1,156	737
原子力	590	1,776	3,322	2,581	649
新エネ等	6	11	54	98	963

（出典：経済産業省「エネルギー白書2020」）

❶ 水力による発電電力量の割合は減少傾向にある。

❷ 新エネルギー等（新エネ等）の発電量は1998年度から20年間で15倍以上に増えている。

❸ 1978年度以降，発電電力量は増加傾向にある。

❹ 火力発電（石炭，LNG，石油等の発電電力量の合計）の割合は1978年度から1998年度にかけて減少しているが，2018年度にかけて再び増加している。

ア．発電電力量割合の推移

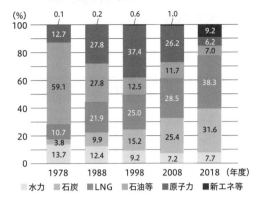

イ．発電電力量の推移

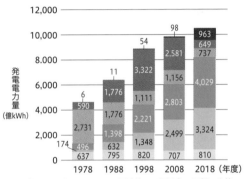

2 表2は15組の父，母，子（男子）について，3者の身長を調査したデータである。表計算ソフトでデータ間の相関係数を調べたところ，父母の平均身長と子の身長の場合は0.88だった。両者の分布をあらわしたグラフをア〜ウから選びなさい。

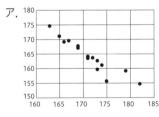

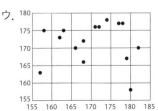

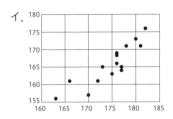

表2 父，母，子（男子）の身長（cm）

父	母	子（男子）
179	166	180
182	170	182
177	151	177
157	155	163
168	153	166
179	162	181
168	154	172
162	168	173
163	162	175
171	160	176
172	165	176
166	148	170
174	168	178
178	152	177
180	158	176

147

61 ■章末実習　地域の問題を解決する

💡 実践問題

以下の手順に従って，自分たちの住む地域の特徴を把握し，地域をよりよくするための課題を探って解決策を考えてみよう。

手順1 次の(1)～(2)に従い，データを活用して地域の特徴を把握しよう。

(1) 持続可能な社会の実現にあたって，自分たちが住む地域で問題，課題となっていることは何だろう。新聞記事やSDGsの17の開発目標などをヒントにして，書き出してみよう。

例 少子高齢化が進行し，年少人口が減少するなかで，学校の統廃合をどうしていくべきか。

(2) (1)であげた問題点や課題を明確にするために，どんなデータをどこから収集し，何と比較すればよいだろうか。図書館やインターネットなどで調べて，書き出してみよう。

例 市区町村ごとの人口の増減，人口ピラミッドにおける学齢人口の推移，市区町村ごとの学校数，学級数などのデータを，RESASや都道府県の学校基本統計調査から収集する。時系列での比較により，人口の増減や年齢の構成割合の変化を読み取ることができる。他地域との比較により，人口あたりの学校数や学級数が相対的に多いか，少ないかを調べることができる。

手順2 手順1の(2)で収集したデータを分析し，解決すべき課題は何であるか，より具体的にしよう。

例 ・最適な学校の配置の方法が十分に検討されていないこと。検討するためには，地域の人口や学齢人口，通学範囲，今後の人口増減の動向などを踏まえ，地域における適切な学校数や1校あたりの適切な学級数，生徒数などを設定する必要がある。

・地域の人口，とくに子育て世代を増やすために実行されている施策が少ないこと。

手順3・4 手順2で見つけた課題の解決策を立案してみよう。また，可能なら発表し，意見をもらおう。

例 ・地図情報，地域の人口情報などをもとに，最適な学校の配置の方法を考える。

・他地域の事例などを参考にして，学校を別の施設(宿泊施設，撮影用施設など)に転換する。

手順5 前の手順で考えた解決策を実現するための取り組みや行動にはどのようなものがあるか，書き出してみよう。

例 地元の新聞やテレビ局に意見を投稿する。

■技法1　アンケート調査による
データの収集

🔍 確認問題

下記の語群から適切な語句を選び，空欄に記入しなさい。複数の語句が提示されている欄については，適切なものに〇をつけなさい。

1 アンケート調査とは

▼アンケート調査には，対象となる集団（母集団）をすべて調査する（**❶** 全数 ・ 標本 ）調査と，対象となる集団から一部の人だけを選んで調査する（**❷** 全数 ・ 標本 ）調査がある。

▼（**❸** 全数 ・ 標本 ）調査は，正確な結果が得られる反面，調査を実施することに時間や費用，手間がかかる。

▼（**❹** 全数 ・ 標本 ）調査は，（**❺** 全数 ・ 標本 ）調査に比べて時間や費用，手間がかからない。抽出したデータが母集団の性質を，統計的に（**❻**　　　　　）する手法である。

2 データの種類と分析法の想定

※❽〜❿，⓬と⓭，⓯と⓰，⓲〜⓴の解答は順不同。

▼調査で収集されるデータをその性質によって分類すると，下の表のようになる。

データの性質	尺度	例
数値の大小関係や差だけでなく比率に意味がある。0（ゼロ）は，絶対的な意味がある。加算・減算を含む四則演算ができる。	（**❼**　　　）尺度	（**❽**　　　　　　　　　） （**❾**　　　　　　　　　） （**❿**　　　　　　　　　）
目盛りが等間隔で，数値の差に意味がある。0（ゼロ）は，相対的な意味しかない。加算・減算ができる。	（**⓫**　　　）尺度	（**⓬**　　　　　　　　　） （**⓭**　　　　　　　　　）
数値の順序や大小関係に意味がある。加算・減算ができない。	（**⓮**　　　）尺度	（**⓯**　　　　　　　　　） （**⓰**　　　　　　　　　）
分類や区別をするための名称として数値を割り当てたもの。加算・減算ができない。	（**⓱**　　　）尺度	（**⓲**　　　　　　　　　） （**⓳**　　　　　　　　　） （**⓴**　　　　　　　　　）

語群	体重　　推定　　性別　　比例　　名前　　好みの3段階評価　　年齢　　西暦・年号　　順序
	間隔　　身長　　出身地　　名義　　成績の5段階評価　　温度

練習問題

1 次の❶〜❸の回答から得られるデータの尺度を答えなさい。

❶
あなたの性別を選ん
でください。

　1．男性　2．女性

❷
宅配便の配達希望時間を選んでください。

　1．午前中　2．12〜14時　3．14〜16時
　4．16〜18時　5．18〜20時

❸
あなたの持って
いる本の冊数を
答えてください。

❶		❷		❸	

2 次のア〜カのうち，標本調査で確認することが多いものをすべて答えなさい。

ア．A工場から出荷される工業製品の品質　　イ．テレビの視聴率

ウ．ある年のB大学受験者の合否　　　　　　エ．政党Cの支持率

オ．D中学校で行われる健康診断　　　　　　カ．国勢調査

3 アンケートの質問文として，次の❶〜❹にはそれぞれどのような問題点があるか。ア〜オから選んで答えなさい。

❶「現在少子化が問題になっていますが，あなたはどのように考えますか」

❷「あなたは炭酸飲料をどのくらい飲みますか」

❸「高校1年生でプログラミングとロシア語を学ぶ必要があると思いますか」

❹「あなたの父親の年収はいくらですか」

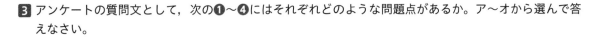

語群	ア．意味や範囲が明確でない	イ．対象者全員が理解できる言葉を使っていない
	ウ．誘導的な質問になっている	エ．1つの質問項目で複数のことを聞いている
	オ．個人情報にふれる質問になっている	

❶		❷		❸		❹	

4 次の❶〜❺の文章について，正しいものには○，誤っているものには×で答えなさい。

❶「好きなお菓子を次の選択肢の中からすべて選んで回答してください」という質問項目は無制限に回答ができ
るため，「自由記述型」の回答方法と呼ばれる。　　　　　　　　　　　　　　　　　　　　　（　　　）

❷ 性別のデータは量的データであり，名義尺度のデータである。　　　　　　　　　　　　　　（　　　）

❸ ある店舗の売上金額のデータは，数値の大小だけではなく，先月比や前年比など比率にも意味があるので比
例尺度である。　　　　　　　　　　　　　　　　　　　　　　　　　　　　　　　　　　　（　　　）

❹ 正の整数で回答すべき質問項目に対して，負の整数や小数で回答されたデータは，外れ値・欠損値として
データの集計から除くなどの処理をする必要がある。　　　　　　　　　　　　　　　　　　（　　　）

❺ Webサイトでアンケート調査を行う場合は，調査目的を明確にする必要はない。　　　　　　（　　　）

■ 技法2　量的データの分析手法

🔍 確認問題

下記の語群から適切な語句を選び，空欄に記入しなさい。複数の語句が提示されている欄については，適切なものに〇をつけなさい。

1 度数／平均値・分散・標準偏差／中央値・四分位数

※❹と❺の解答は順不同。

▼表1は，A，B高校の1年生男子各50人のハンドボール投げの結果を(❶　　　　　　　)にまとめたものである。図1は，A高校の結果を(❷　　　　　　　)であらわしたものである。(❸　　　　　　)の幅を変えると(　❷　)の形状は変化する。

▼平均値を調べると，A，B高校ともに25mだった。しかし，データの分布のしかたは異なっている。表1から，B高校の(❹　　　　　)や(❺　　　　　　)は，A高校に比べて(❻　大きい　・　小さい　)ことがわかる。

表1

階級(m)	A高校 度数(人)	B高校 度数(人)
10～15	2	1
15～20	6	3
20～25	20	24
25～30	12	17
30～35	6	3
35～40	4	2
合計	50	50

図1

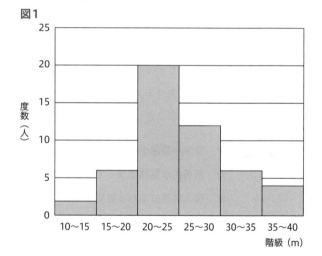

▼図2は，A高校のハンドボール投げの結果を(❼　　　　　　　)であらわしたものである。25%の区切りである(❽　　　　　　)は22m，(❾　　　　　)は24m，75%の区切りである(❿　　　　　)は28mであることがわかる。

図2

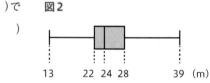

2 回帰分析

▼回帰分析は，複数のデータからなる(⓫　　　　　　　)において相関が認められる場合，それに最もよく当てはまる数式を探るものである。その数式は，一般に $y = ax + b$ の形の(⓬　　　　　　　)であらわされる。

> **語群**　度数分布表　第3四分位数　第1四分位数　標準偏差　散布図　階級　分散
> 回帰直線　中央値　ヒストグラム　箱ひげ図

1 次のア～キのうち，右の箱ひげ図から読み取れる内容として正しいものをすべて答えなさい。

ア．中央値は国語のほうが数学より高い。

イ．最高点は数学のほうが高い。

ウ．上位25%の分散は国語のほうが大きい。

エ．平均値は数学のほうが高い。

オ．最低点は国語のほうが高い。

カ．国語の第1四分位数のほうが数学の中央値より低い。

キ．数学の下位25%は50点以下である。

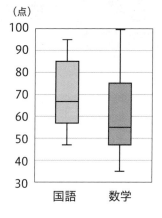

2 右の表は，あるクラスにおける3つのテストの結果を示したものである。次の(1)～(2)の問いに答えなさい。

(1) 次のヒストグラムはそれぞれどのテストの結果をあらわしたものか。テストA，B，Cから選び，下の空欄に記入しなさい。

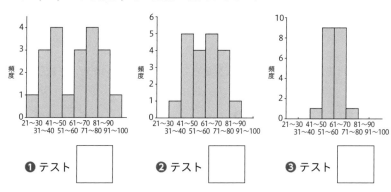

❶ テスト ☐　　❷ テスト ☐　　❸ テスト ☐

(2) 次の❶～❺の文章について，正しいものには○，誤っているものには×で答えなさい。

❶ 標準偏差や分散は，データの散らばり具合を示す指標になる。

❷ 平均値が大きくなると，標準偏差もそれに伴って大きくなる。

❸ 右の表のデータでは，テストAの標準偏差が最も大きくなる。

❹ 平均値の近くにデータが集まっていると，分散の値は小さくなる。

❺ テストBとテストCを比べると，テストCのほうがデータが散らばっていると判断できる。

❶		❷		❸	
❹		❺			

出席番号	テストA	テストB	テストC
1	57	90	31
2	63	39	41
3	61	64	30
4	59	50	42
5	60	75	71
6	60	50	34
7	60	52	33
8	52	54	44
9	63	53	43
10	63	60	51
11	62	63	61
12	59	50	62
13	61	71	70
14	63	65	75
15	55	41	78
16	62	65	77
17	61	61	83
18	59	77	89
19	49	41	90
20	71	79	95
平均	60	60	60
分散	19.50	179.20	450.80

技法3　統計的検定

🔍 確認問題

下記の語群から適切な語句を選び，空欄に記入しなさい。複数の語句が提示されている欄については，適切なものに〇をつけなさい。なお，語句は複数回用いてもよい。

1 標本調査における統計的検定の必要性

▼アンケート調査で得られたデータは，集計して統計的に分析する必要がある。(❶　　　　　　　)では母集団そのものを調査するため，集計結果をそのまま利用して結論を導くことができる。

▼(❷　　　　　　　)の場合は，母集団から一部のデータを抽出して調査するため，集計結果が母集団の特性をそのままあらわしているとは限らない。そこで，(❸　　　　　　　)の手法を用いて，調査で明らかにしたい傾向や特性(仮説)が有効であるかどうかを判断する必要がある。

▼(❷)において生じる母集団の値との違いを(❹　　　　　　)と呼ぶ。

▼(❹)は，標本数が(❺　多い　・　少ない　)ほど小さくなり，逆に，標本数が(❻　多い　・　少ない　)ほど大きくなる。

2 仮説検定／検定の使い分け

▼標本誤差があることを前提として，母集団の性質について仮説を立て，それが正しいか否かを統計学の手法を用いて検証することを(❼　　　　　　)という。

▼このとき，検証の対象とするために立てる仮説のことを(❽　　　　　　)といい，多くの場合，棄却されることを期待して立てられる。

▼(❽)が正しいことを示す結果が得られる確率を(❾　　　　)という。

▼(❾)が(❿　低　・　高　)ければ，(❽)は棄却される。

▼その判断基準となる確率を(⓫　　　　　　)といい，通常，1％や5％の値が用いられる。(⓬　　　　　)が1％未満のとき，「1％水準で(⓭　　　　　　　)」という。同じく5％未満のとき，「5％水準で(⓮　　　　　　)」という。

▼(❾)が(⓯　低　・　高　)ければ，(❽)が棄却されない。これを「(⓰　　　　　　)」といい，たまたま出現した誤差の範囲であることを示す。

▼検定手法にはさまざまなものがあり，仮説と用いる尺度に従い，適切な検定手法を使う必要がある。2つのデータの平均値の差の検定に用いられる検定手法に(⓱　　　　　)がある。クロス集計した結果を検定する際によく使われる手法に(⓲　　　　　　)などがある。

語群	標本誤差　　有意差あり　　t検定　　統計的検定　　仮説検定　　標本調査　　有意水準
	帰無仮説　　有意差なし　　全数調査　　p値　　χ(カイ)二乗検定

練習問題

1 右の表1「身長の測定結果」のデータから，日本とI国の16歳の平均身長に差があるかどうかを調べるため仮説検定を行った。次の(1)，(2)の問いに答えなさい。

(1) 仮説が「日本とI国の16歳の平均身長には差がある」であるとき，帰無仮説を立てなさい。

（空欄）

(2) t検定を用いて帰無仮説が出現する確率(p値)を調べたところ，0.0329だった。この結果から言えることを次のア〜オから選びなさい。

ア．1％水準で有意差あり。すなわち日本とI国の16歳の平均身長には差がある。

イ．5％水準で有意差あり。すなわち日本とI国の16歳の平均身長には差がある。

ウ．有意差なし。すなわち日本とI国の16歳の平均身長には差がある。

エ．5％水準で有意差あり。すなわち日本とI国の16歳の平均身長には差がない。

オ．1％水準で有意差あり。すなわち日本とI国の16歳の平均身長には差がない。

表1　身長の測定結果

	日本	I国
1	155	160
2	167	168
3	173	158
4	165	175
5	156	165
6	153	180
7	178	173
8	165	155
9	161	160
10	162	172
11	167	168
12	168	170
13	166	169
14	159	177
15	166	173
16	179	169
297	162	163
298	171	166
299	177	168
300	165	170
平均	165.5	168.0

2 表計算ソフトウェアを用いてt検定を行う場合，標本や母集団の性質により，使用するツールが異なる。たとえば教科書201ページの手順6に示されているように，解決策の実行前と実行後の2度，同じ集団に対して調査を行い，解決策の効果の有無を検証する場合には，「t検定：一対の標本による平均の検定」を用いるとよい。これを踏まえて，次のア〜エのうち，「t検定：一対の標本による平均の検定」を用いるべきものを選んで答えなさい。

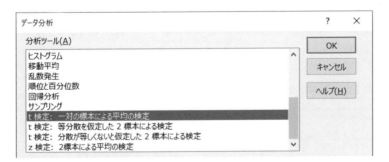

ア．2つの国の16歳の集団A，Bの平均身長について，身長の平均値の差を検定する。

イ．あるテストの結果について，学校Cの集団の結果と学校Dの集団の結果から平均値の差を検定する。

ウ．新薬Aの効果の有無について，集団Xに対する投薬前と投薬後の2つのデータから平均値の差を検定する。

エ．新薬Aの性別による効果の差について，男性の集団Mと女性の集団Fの2つのデータから平均値の差を検定する。

第4章

技法3

1 情報を暗号化する代表的な方式に，共通鍵暗号方式と公開鍵暗号方式がある。次のア～オの記述から，共通鍵暗号方式について述べたもの，公開鍵暗号方式について述べたものを，それぞれすべて選び記入しなさい。

ア．暗号化のために利用する鍵を安全に渡す方法を検討する必要がある。

イ．通信相手が複数いる場合は，送る相手ごとに異なる鍵を用意する必要がある。

ウ．1人が不特定多数と通信を行う場合でも，1ペアの鍵があればよい。

エ．n人がそれぞれこの暗号化方式で相互に通信をする場合，必要な鍵の数は2nである。

オ．n人がそれぞれこの暗号化方式で相互に通信をする場合，必要な鍵の数は$n(n-1)/2$である。

共通鍵暗号方式		公開鍵暗号方式	

2 インターネットでの通信について述べた文を読み，次の(1)～(3)の問いに答えなさい。

　　インターネットには，送りたいデータを複数のデータに分割したうえで送信する(❶)方式が採用されている。分割されたデータには，宛先や順番などの管理情報として(❷)が付加される。ネットワークに接続されたコンピュータやルータは，分割されたデータを次にどこに送ればよいかがわかる情報を保持している。この情報をもとに，データは宛先のコンピュータやルータに転送される。
　　<u>A</u>

　　送信元や送信先の情報にはIPアドレスが使われる。IPアドレスはインターネット上のすべての通信機器に割り当てられた固有の番号で，IPv4では(❸)ビットで構成されている。インターネットの利用人口の増加や，情報通信機器数の増大により，現在は<u>128ビットで構成されたIPアドレス</u>を用いる(❹)への移行
　　　　　　　　　　　　　　　　　B
が進められている。

　　WebブラウザでWebページを表示すると，Webブラウザの上部(アドレスバー)にURLとして「www.example.co.jp」のような文字列が表示される。これを(❺)という。(❺)とIPアドレスの対応は，(❻)というしくみを利用して特定されるようになっている。

(1) 空欄❶～❻に当てはまる適切な語句を答えなさい。

❶		❷		❸	
❹		❺		❻	

(2) 下線部Aの情報のことを何と呼ぶか答えなさい。

(3) 下線部Bでは何通りのIPアドレスを表現することができるか。指数を用いた数で答えなさい。

	通り

3 以下の図表はA高校男子のハンドボール投げの結果である。次の(1)〜(3)の問いに答えなさい。

階級（m）	度数	相対度数（%）	累積度数	累積相対度数（%）
15 未満	4	1.3	4	1.3
15 〜 18	33	10.6	37	11.9
18 〜 21	36			
21 〜 24	46			
24 〜 27	64			
27 〜 30	55			
30 〜 33	35			
33 〜 36	27			
36 以上	10			
合計	310			

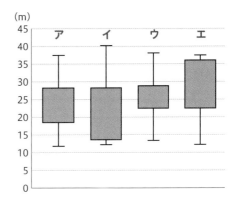

(1) 上記の度数分布表の空欄を埋めなさい。答えは小数第2位を四捨五入しなさい。

> **ヒント** 相対度数…その階級の度数が全体に占める割合。
>
> 累積度数と累積相対度数…最初の階級からその階級までの度数と累積度数が全体に占める割合。

(2) 右上の箱ひげ図のうち，度数分布表の結果をあらわしたものをア〜エから選びなさい。

(3) 度数分布表および箱ひげ図から読み取れる内容として正しいものを次のア〜エから選びなさい。

ア．33m以上投げた生徒は全体の2割以上である。

イ．最大値は45mである。

ウ．21m以上30m未満に全体の50%以上の生徒が分布している。

エ．度数分布表から最小値を判断することができる。

(2)	
(3)	

4 ある店舗のPOSシステムに蓄積されたデータをもとに❶，❷の分析を行う場合，それぞれどのような
クロス集計表を利用するのが適切か。次のア〜エから選びなさい。

❶ 特定の性別，特定の年齢層で商品の売り上げ数に特徴があるかどうか。

❷ 特定の年齢層，特定の時間帯で商品の売り上げ数に特徴があるかどうか。

ア

	0:00 -6:00	6:00 -12:00	12:00 -18:00	18:00 -24:00	総計
商品A					
商品B					
商品C					
商品D					
総計					

イ

	0:00 -6:00	6:00 -12:00	12:00 -18:00	18:00 -24:00	総計
12歳 以下					
13-19 歳					
20-34 歳					
35-49 歳					
50歳 以上					
総計					

ウ

	男性	女性	総計
12歳 以下			
13-19 歳			
20-34 歳			
35-49 歳			
50歳 以上			
総計			

エ

	男性	女性	総計
商品A			
商品B			
商品C			
商品D			
総計			

1 次の (1) 〜 (3) の問いに答えなさい。

(1) メディアに関する次の文章について，下記の語群から適切な語句を選び，空欄に記入しなさい。

▼情報を伝えるための媒体として用いられるものを(❶　　　　　　　　　)という。

▼(❶)は(❷　　　　　　　　　　　)を指してよく使われる言葉だが，情報の(❸　　　　　　　　)，伝達手段や記録手段などを含めた広い意味を持つ。

(2) (❷)に該当するものを語群から 4 つ選びなさい。

| |
| |

(3) メディアは下の表のように，3 つに分類できる。各分類における具体的なメディアの例を，語群から選んで空欄に記入しなさい。

表現のためのメディア	伝達のためのメディア	記録のためのメディア

語群　**C D　D V D　新聞　テレビ　ハードディスク　SNS　メディア　インターネット　電子メール　手紙　ブルーレイディスク　文字　音声　画像　映像　紙　ラジオ　雑誌　表現手段　図形　Webサイト　マスメディア**

2 著作権法に関する次の❶〜❼の文章について，記述が正しい場合は○を，間違っているものには×を記入しなさい。また間違っている場合，訂正すべき箇所に下線を引き，正しい内容に書き換えなさい。

❶ 現在活躍する芸術家の作品には著作権が発生する。

| | |
| | |

❷ 裁判所の判決，決定，命令などは，著作権は発生しない。

| | |
| | |

❸ 死後 50 年経った彫刻家の作品を撮影し，その写真を無許可で販売しても著作権の侵害に当たらない。

| | |
| | |

❹ 保護期間内にある他者の著作物をホームページにアップロードする行為は，著作者の公衆送信権を侵害する。

❺ 著作隣接権には，公表権，同一性保持権，氏名表示権がある。

❻ 業務用にコピーを取る場合，使用者が個人であれば私的使用のための複製となり許諾は必要ない。

❼ 地域に伝承される民話，伝説などをもとにした創造物は著作物であり，著作権が発生する。

3 下の表はアルファベットにおける6種類の文字の出現回数をあらわしたものである。この文字列をハフマン符号化で圧縮することを考える場合について，次の(1)〜(5)の問いに答えなさい。

文字	E	I	H	U	G	K
出現回数	12	8	6	3	2	1

(1) 木構造をつくりなさい。

(2) 各文字に割り当てる符号を求めなさい。

(3) 1文字を3ビットであらわすとき，圧縮前のデータ量を求めなさい（単位：bit）。

(4) 圧縮後のデータ量を求めなさい（単位：bit）。

(5) 圧縮率を求めなさい。答えは小数第1位を四捨五入しなさい。

(1)		(2)	E	I	H
			U	G	K
		(3)			
		(4)			
		(5)			

4 次の(1)〜(2)の問いに答えなさい。

(1) 次の数を，2進法，10進法，16進法などの指定された表現に変換しなさい。

❶ 215 $_{(10)}$ = (　　　　　　　　　　)$_{(2)}$　　　❷ 11101101 $_{(2)}$ = (　　　　　　　)$_{(10)}$

❸ 11011001011 $_{(2)}$ = (　　　　　　)$_{(16)}$　　　❹ 20124 $_{(10)}$ = (　　　　　　)$_{(16)}$

(2) 横1,920ピクセル，縦1,080ピクセル，24ビットフルカラーのビットマップ画像のデータ量は何MBになるか答えなさい。答えは小数第2位を四捨五入すること。

5 次の文章の空欄に適切な語句を記入しなさい。

▼コンピュータの内部では，文字や記号も2進法であらわされ，それぞれ固有の数値が割り当てられている。この数値を(❶　　　　　　　)，文字と(　❶　)の対応関係を(❷　　　　　　　　　)という。

▼(　❷　)には1960年代にアメリカでつくられた(❸　　　　　　　)などがある。

▼音声のアナログ信号の横軸に沿って，一定間隔で波の高さ(電圧の強さ)を取り出すことを(❹　　　　　)という。(　❹　)で得られた波の高さを，縦軸に沿ってあらかじめ定められた目盛りのうち最も近い整数値に変換することを(❺　　　　　)という。(　❺　)によって得られた値を2進法を用いて表現することを(❻　　　　　)という。

6 次の(1)〜(2)の問いに答えなさい。

(1) 情報デザインについて，次の文章の空欄に適切な語句を語群から選び記入しなさい。

▼情報デザインとは，(❶　　　　　　　　　　)における(❷　　　　　　)のわかりやすさや，ものの使いやすさなど，(❸　　　　　　　)の立場に立ったデザインや考え方のことを指す。

▼情報デザインの考え方を取り入れ，情報を(❹　　　　　)することで，その(❺　　　　　)や改善点が見えてくる。さらに，整理された情報を受け取ることで，(❻　　　　　　　　)の発展にもつながる。

> **語群** コミュニケーション　表現　アイデア　利用者　本質　整理

(2) 情報デザインで用いられる手法に関する説明と具体例を，下の表の空欄に記入しなさい。

手法	説　　明	具　体　例
抽象化		
可視化		
構造化		

7 小さい順(昇順)に並べ替えられた値が格納された配列から，特定の値(ans)があるかどうかを検索するためのプログラム①を作成した。このプログラムについて，次の(1)～(5)の問いに答えなさい。

(1) 配列の先頭要素から順に値が一致するかどうか判定する右のプログラム①の空欄を埋めてプログラムを完成させなさい。

 ヒント　繰り返し処理を強制的に終了させる命令に「break」がある。使い方をインターネットで調べ，breakを使って考えよう。

プログラム①

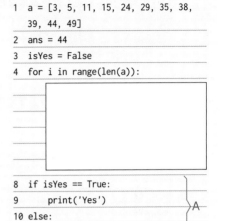

```
1  a = [3, 5, 11, 15, 24, 29, 35, 38,
      39, 44, 49]
2  ans = 44
3  isYes = False
4  for i in range(len(a)):
```
```
8  if isYes == True:
9      print('Yes')
10 else:
11     print('No')
```
A

(2) 右のプログラム①を使用して特定の値を調べるとき，最小で何回目に値が見つかるか，また最大で何回目に値が見つかるか答えなさい。

最小	最大

(3) プログラム①は，配列の要素数が増えると処理に時間がかかってしまう。そこで，図1の手順のように配列の中央の値を効率よく使いながら検索することとした。下の図1の❶～❸にあてはまる式を変数Mn，Md，Mxを用いてあらわしなさい。

図1

手順1　配列の中央値(a[Md])と比較し，一致していれば終了。

3	5	11	15	24	29	35	38	39	44	49
0	1	2	3	4	5	6	7	8	9	10

↑Mn = 0　　　　　↑Md = (❶　　　)　Mx = 10↑

手順2　特定の値のほうが小さければ，左半分に範囲をせばめる。

3	5	11	15	24	29	35	38	39	44	49
0	1	2	3	4	5	6	7	8	9	10

↑Mn = 0　　　　　↑Mx = (❷　　　　　)

手順3　特定の値のほうが大きければ，右半分に範囲をせばめる。

3	5	11	15	24	29	35	38	39	44	49
0	1	2	3	4	5	6	7	8	9	10

　　　　　　　↑Mn = (❸　　　　)　Mx = 10↑

(4) 図1は変数Mxの初期値を「Mx = 10」と設定している。このままだと配列aの要素数を変更したときに，変数Mxの初期値も変更しなければならない。変更しなくてすむように初期値を修正しなさい。

> Mx =

(5) 図1の方法を用いてプログラム②を作成した。空欄を埋めてプログラムを完成させなさい。

プログラム②

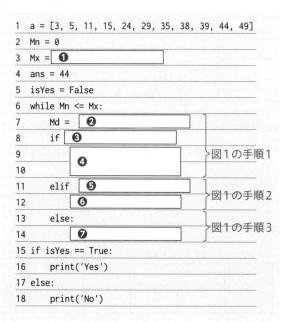

```
1  a = [3, 5, 11, 15, 24, 29, 35, 38, 39, 44, 49]
2  Mn = 0
3  Mx = ❶
4  ans = 44
5  isYes = False
6  while Mn <= Mx:
7      Md = ❷
8      if ❸
9          ❹                      →図1の手順1
10
11     elif ❺                     →図1の手順2
12         ❻
13     else:                      →図1の手順3
14         ❼
15 if isYes == True:
16     print('Yes')
17 else:
18     print('No')
```

❶	
❷	
❸	
❹	
❺	
❻	
❼	

8 次の (1) ～ (3) の問いに答えなさい。

(1) 1フレームが画素数1,280 × 720ピクセルの24ビットフルカラー画像からなる，60fps，無圧縮の動画の1秒間あたりのデータ量は何MBになるか答えなさい。答えは小数点以下を四捨五入しなさい。

(2) 問い(1)の動画をビデオコーデックで圧縮したところ，圧縮率は5％だった。この動画データをストリーミングで視聴するときの1秒間あたりのデータ量は何Mbitになるか答えなさい。答えは小数点以下を四捨五入しなさい。

(3) 問い(2)の動画を遅延なく視聴できる無線LANの規格を以下のア〜エからすべて選びなさい。なお，通信の際，動画データ以外の部分は考慮しないものとする。

　ア．IEEE 802.11g　　　　イ．IEEE 802.11ac

　ウ．IEEE 802.11a　　　　エ．IEEE 802.11ax

9 右の表はA駅から徒歩7分以内の賃貸マンションの広さと賃料をあらわしたものである。広さと賃料の相関係数を求めたところ，0.94だった。次の(1)〜(3)の問いに答えなさい。

(1) 相関係数を踏まえて，広さと賃料にどのような関係があるか答えなさい。

広さ(m²)	賃料(万円)
40.7	18.0
40.9	12.3
40.9	13.7
43.4	18.0
43.4	13.7
44.5	17.3
44.5	16.3
45.5	16.0
47.1	13.0
48.2	17.6
50.6	18.6
51.6	19.8
58.6	21.5
59.6	22.7
63.4	23.9
66.9	22.0
68.5	25.0
71.1	27.1
71.7	28.7
81.6	32.0

(2) 表のデータから散布図を描いたところ下図のようになった。また回帰分析を行ったところ，以下の方程式(回帰直線)が得られた。

A駅から徒歩7分以内の賃貸マンションの広さと賃料の関係

$$y=0.41x-2.37$$

この結果を踏まえて，同地域にある広さ50m²の賃貸マンションの賃料を予測して答えなさい。答えの単位は万円，小数第2位を四捨五入しなさい。

(3) 同地域にあるマンションの賃料の傾向として，部屋の広さが10m²広くなるごとにいくら増加すると言えるか答えなさい。答えの単位は万円で答えなさい。